AS ESCOLAS DE MISTÉRIOS

O Discipulado na Nova Era

CLARA M. CODD

3ª Edição

AS ESCOLAS DE MISTÉRIOS

O Discipulado na Nova Era

CLARA M. CODD

EDITORA TEOSÓFICA
Brasília-DF

Título do Original em Inglês:
The Way of the Disciple

Primeira edição em Inglês:
1964, The Theosophical Publishing House
Adyar, Chennai, Índia.

Editora Teosófica, Sociedade Civil
SGAS 603, Módulo 20, CEP: 70200-630 – Brasília-DF.
Telefone: (061) 3322-7843; Fax (061) 3226-3703
E-Mail: *st@stb.org.br* / editorateosofica@editorateosofica.com.br
Home page: *www.stb.org.br*
Primeira Edição: 1998
Segunda Edição: 1999

C669 Codd, Clara 1876-1971

As escolas de mistérios - o discipulado na nova era

Tradução de: *The way of the disciple*
Tradução: Milton Lavrador
Editora Teosófica, Brasília, 2012
ISBN 85-85961-20-1

1. Teosofia 2. Ocultismo

II. Título

CDD 130

Capa:
Marcelo Ramos
Composição/Diagramação:
Reginaldo Alves Araújo
Revisão Editorial:
Carlos Cardoso Aveline, Gilberto Cereja da Silva e Zeneida Cereja da Silva

Dedicatória

Aos meus colegas aspirantes em todo o mundo, com votos de afeição e boa vontade.

"Desde que digamos a verdade e a sustentemos para a Glória de Deus, não nos deve importar se tudo perdemos ou tudo ganhamos. Pois aquele que é verdadeiramente corajoso no serviço de Deus estará disposto a fazer uma coisa ou outra. Não quero dizer que eu seja assim, mas gostaria de ser".

Santa Teresa d'Avila.

Prólogo

É possível que algum crítico venha a censurar a grande quantidade de citações que usei neste livro. Mas não me desculpo. Fui inspirada por palavras de pessoas mais sábias do que eu, e as transmito a outros, na esperança de que eles sejam inspirados da mesma maneira.

Devido à frequente referência aos seus nomes, usei iniciais para Helena Petrovna Blavatsky (H.P.B.), Charles Webster Leadbeater (C.W.L.), William Quan Judge (W.Q.J.) e, algumas vezes, Annie Besant (A.B.). Também para livros muito citados tais como *Luz no Caminho (L.C.)*, *A Voz do Silêncio (V.S.), Old Diary Leaves* (Folhas de Um Velho Diário), de Henry Olcott (O.D.L.), *Bhagavad Gita (B.G.), A Doutrina Secreta (D.S.)* e *Cartas dos Mahatmas (C.M.).*

Clara Codd

Sumário

Parte 1

A Restauração dos Mistérios

Parte 2

A Fraternidade dos Homens Perfeitos

Parte 3

Discipulado: As Condições Preliminares.

Parte 4

Discipulado: As Qualificações para a Iniciação

Parte 1

A Restauração dos Mistérios

CAPÍTULO 1

As Escolas Arcanas do Passado

No mundo antigo houve grandes escolas de Ocultismo. Diz H.P.B. que, em tempos passados, a Religião de Sabedoria foi a religião universal do mundo. Penso que esses dias estão agora voltando. Hordas conquistadoras e selvagens extinguiram os antigos centros de conhecimento e mergulharam o mundo numa noite tenebrosa que somente começou a se erguer com a chegada de *Sir* Francis Bacon e seus colaboradores.

O que eram essas escolas ocultas? Elas são geralmente chamadas pelos modernos de "Mistérios", da palavra grega que significa "fechar os olhos", pois as cerimônias e os ensinamentos sagrados eram velados por tremendos votos de segredo que, ao que se saiba, nunca foram quebrados. Já em seus graus inferiores, incluíam assuntos como cosmogonia, matemática, música, e a ciência da época, e penso que podemos encará-las como as Universidades do mundo antigo, sendo seus Professores, Adeptos e Iniciados a sua cúpula, que nos níveis mais elevados era feita de conhecimento espiritual. Seus ensinamentos incluíam um modo ou uma disciplina de vida e de viver, e H.P.B. diz que "os Mistérios sempre foram uma disciplina e um estímulo para a virtude".

Estas escolas ensinavam algo da Ciência Secreta que está nas mãos da Fraternidade Oculta, e nas graduações mais elevadas havia Adeptos entre seus professores. Sempre houve dois lados em todo sistema de ensino, o exotérico e o esotérico. Nos primeiros tempos da religião cristã eles estavam claramente definidos e reconhecidos. Mas o lado esotérico logo foi perdido quando a noite da ignorância dominou a Europa. Assim, o Conhecimento ou *Gnose*, como os primitivos cristãos o chamavam, foi, sem ser escrito, transmitido somente aos que estavam devidamente preparados. São Clemente de Alexandria, que primeiro foi iniciado na Escola Oculta grega e depois na cristã, escreve: "A *Gnose* é aquela que foi transmitida a uns poucos, tendo sido dada e não escrita aos Apóstolos"[*]. E seu grande discípulo, Orígenes, diz: "Deus, a Palavra, foi enviado como um médico aos pecadores, mas como um Professor dos Mistérios Divinos àqueles que já eram puros, e não mais pecavam".

Isso corresponde ao dito do Cristo quando seus discípulos lhe perguntaram por que Ele falava ao público em parábolas: "A vós foi dado conhecer o mistério do Reino de Deus; aos de fora, porém, tudo acontece em parábolas". (*Marcos 4:11*). Nos velhos tempos, os estranhos eram chamados "profanos", palavra derivada do latim *pro-fanum,* "diante de um templo" – do lado de fora. Santo Ambrósio disse que a religião cristã tinha trechos tão rasos, que uma criança poderia transpor, e profundidades tais que um gigante teria que nadar. Toda a história de Cristo é na realidade uma alegoria materializada do progresso do Iniciado, através das Cinco Grandes Iniciações. Assim também é o *Apocalipse.*

Restos das tradições de Mistério podem ser encontrados em muitas das raças nativas, especialmente entre aquelas cujos descendentes estão degenerando e morrendo, do que foram outrora nações poderosas e civilizadas, tais como os peles-vermelhas e outros remanescentes das antigas raças atlantes; também entre os zulus da África do Sul e mesmo entre os aborígines australianos. Lembro-me de quando estive na Austrália e ouvi uma palestra de um australiano, cuja infância

---

[*] *Stromata*, vol. VI, cap. 7. (N. da autora)

tinha sido passada na remota fazenda de seu tio em Queensland. Seu único companheiro era o filho de um chefe aborígine. Ao aproximar-se da idade adulta, o jovem nativo foi preparado para a iniciação, a fim de tornar-se um membro completamente adulto da tribo. O rapaz branco ficou ansioso para partilhar isso com seu amigo e, após muitos entendimentos, o chefe consentiu, mas o tio foi avisado de que tal decisão implicaria provas de resistência que consistiriam em permanecer completamente despido durante dias. O tio finalmente consentiu, mas ficou estipulado que seu sobrinho poderia usar pelo menos um par de botinas! O orador contou-nos anos depois que reconheceu certos sinais e símbolos, que então lhe foram dados, como claramente maçônicos, uma prova a mais da extrema antiguidade dessa augusta corporação.

Há certas figuras comuns a todas as cerimônias místicas, e essas estão incluídas no que se pode chamar Mistérios Tribais.

1. Escolhem um lugar isolado.
2. Marcam a aceitação pelos rapazes dos direitos e deveres da virilidade.
3. Estes são antecedidos por instruções preliminares e exercícios de resistência à dor.
4. Os candidatos passam por uma morte simbólica e, ao erguerem-se, recebem um novo nome.
5. Em alguns casos há uma exibição de um objeto sagrado sob juramento.

Há muitos anos li um livro de Gilmore sobre Mistérios Tribais. Ele tinha conquistado a confiança de uma tribo zulu e lhe fora permitido assistir à instrução preliminar dos chefes. Esta mais tarde o impressionou profundamente por sua sabedoria e aplicabilidade, incluía até mesmo instruções sobre educação sexual. Neste aspecto as sociedades civilizadas estão aquém de algumas sociedades primitivas, pois nossos jovens são, em maioria, privados de tais conhecimentos.

Ser dado ao rapaz um nome novo é ainda usado em alguns ritos religiosos, por exemplo, quando um monge ou uma monja também são colocados em um túmulo simbólico, e lhes é dado um nome conventual.

Mencionei que o *Apocalipse* bíblico é um símbolo ou alegoria do progresso da alma no Caminho Oculto. As Sete Igrejas são os sete *chakras* ou centros de força, na contraparte etérica do corpo físico, correspondendo aos plexos nervosos principais. A Visão Hermafrodita é o Espírito acima do sexo e de todas as outras distinções. E as "provas", tão frequentemente indicadas pelas palavras "aquele que superou", ou a expressão "veste branca", emblemática da completa pureza do corpo astral; a "coroa da vida", mostrada psiquicamente como pontos de luz – de aspiração – sempre fluindo para o alto e dando ao neófito a aparência de estar sendo "coroado." Também o ser-lhe dado para comer o "maná oculto", e a recepção de uma pedra branca na qual um novo nome estava escrito, "que ninguém conhece, exceto quem o recebe". (*Apoc. 2:17*) O "verdadeiro nome" é o acorde imortal que constitui a contribuição única do Iniciado para a harmonia das esferas, e é ouvido pela primeira vez na cerimônia da Iniciação ou, às vezes, em meditação profunda.

Os Mistérios cerimoniais eram, é claro, muito mais avançados do que os mistérios residuais, tribais, embora seguindo linhas similares em um caminho muito mais elevado. Esses eram os egípcios, caldeus, gregos, pitagóricos, druidas, essênios e as Escolas de Mistérios Gnósticos. Todos eles tinham certos graus, como a Maçonaria tem até hoje. Os pitagóricos tinham quatro graus: primeiro o dos "Ouvintes", assim chamados por não ser permitido aos recém-iniciados falar, somente ouvir. O seguinte era o dos "Instruídos", e o seu ensino incluía matemática e música. O terceiro era o dos "Perfeitos", incluindo em seus estudos cosmogonia e psicologia, e a evolução da alma. Havia raramente um Quarto que poucos alcançavam – o do "Adepto".

Os druidas tinham três graus: os Eubates, os Bardos e os Druidas completos. O grupo essênio, que muitas autoridades consideram hoje como tendo dado origem aos primeiros agrupamentos cristãos e gnósticos, tinha três estágios: "a Criança", o "Irmão" e o "Perfeito". Entre as congregações cristãs comuns, o membro recém-batizado era chamado catecúmeno.

Todos os Mistérios cerimoniais tinham certos fatores em comum:

1. Eram celebrados no equinócio da primavera ou do outono.
2. Preliminarmente tinham lugar a purificação e a instrução.
3. As cerimônias finais eram feitas em lugares sagrados, templos, grutas, pirâmides ou torres redondas.
4. Os candidatos passavam por uma morte simbólica, representando uma divindade ou um deus.
5. Livre do corpo ele vaga pelo inferno.
6. Depois do que vinha o aparecimento da luz e dos deuses.
7. Ele era vestido, coroado, e um anel era colocado em seu dedo. Às vezes lhe era dado um amuleto, e dizia-se que ele estava "salvo".

As mais famosas de todas as Escolas de Mistérios foram a egípcia e a grega. Os Mistérios Egípcios tinham lugar no Templo de Osíris, em Tebas, que se chamava a Cidade do Sol, e seus ensinamentos continham a síntese da ciência divina. O *Livro dos Mortos* egípcio, como o *Apocalipse,* é na verdade um manual de rituais de Mistério. Aqui está uma tradução muito livre de trechos dele como foi dada por Schuré: "Alma cega! Toma o archote dos Mistérios. Na noite da Terra descobre tua dupla luminosidade. Segue este guia divino, e que ele seja teu gênio, pois ele tem a chave das tuas vidas, tanto a presente como a passada.

O candidato pergunta: "Verei eu a Luz de Osíris?". Pois o Egito ensinou a doutrina do Logos-Luz, a Luz de Osíris – "Tu és a Luz, que a Luz brilhe!".

E o Hierofante replica: "Isto não depende de nós. A verdade não é dada. É encontrada em ti mesmo ou não o é de todo. Não podemos fazer de ti um Adepto, tu deves tornar-te um pelo próprio esforço. Por muito tempo faz o Lótus pressão para cima na superfície da torrente, antes que possa expor suas pétalas à luz. Não apresses o desenvolvimento da flor divina. Ele virá no tempo devido. Trabalha e ora".

Tendo o neófito colocado à prova a si mesmo, o Hierofante diz-lhe: "Tu estás prestes a entrar na poderosa e inefável comunhão dos Iniciados, pois tu o mereces por tua pureza de coração, teu amor à verdade e tua faculdade de abnegação. Ninguém cruza o limiar de Osíris sem passar pela morte e pela ressurreição. Não tenhas medo, pois tu já és "um de nossos irmãos".

O candidato era conduzido à Câmara dos Reis na Grande Pirâmide, deitado num sarcófago e liberado de seu corpo. Ele então vagava pelo mundo inferior, aprendendo as condições da vida após a morte e comprovando saber como ajudar os "espíritos na prisão". Ele era trazido de volta à consciência estirado sobre uma cruz fora da pirâmide, onde os primeiros raios do sol nascente, ao tocá-lo, chamavam-no de volta à Terra.

Sob a tirania dos conquistadores Hyskos, os Mistérios Egípcios foram preservados muito secretamente. Hermes, o Três Vezes Grande, diz a seu discípulo, o grego Asclepius: "Oh Egito! Egito! Permanecerão de ti para futuras gerações apenas fábulas em que ninguém acreditará; nada de ti perdurará além de palavras talhadas em pedra".

Mas a mais famosa de todas as escolas ocultas constituía os Mistérios Eleusianos da antiga Grécia, que sobreviveram um longo tempo e que foram assistidos por centenas de pessoas em todo o mundo então conhecido. Eles tinham duas divisões principais, a maior e a menor. Os Mistérios preliminares ou menores eram celebrados em Agrae, próximo de Atenas, no equinócio da primavera. Os candidatos reuniam-se em Atenas para um "retiro" de três meses, sob a supervisão e instrução dos sacerdotes. Nas instruções estavam incluídas a abstinência de certos alimentos, cerimônias purificadoras no mar e instruções regulares dos sacerdotes, que incluíam diversos assuntos de maneira comparável a uma universidade. O candidato tinha que dar prova de sua descendência, educação e honorabilidade, antes de ser levado ao recinto sagrado pelo Arauto.

As iniciações antigas adestravam corpo, mente e espírito. Um sábio grego diz: "Para atingir o mestrado, o homem necessita de uma remodelação total de suas naturezas física, moral e intelectual. Isto somente é possível pelo exercício simultâneo da vontade, da intuição e da razão. A alma possui sentidos adormecidos que a intuição desperta para a vida. Através de profundo estudo e constante aplicação, o homem pode colocar-se em relação constante com as forças ocultas do Universo. Ele pode atingir a percepção espiritual direta, abrir para si o caminho da vida além do túmulo, e tornar-se capaz de viajar por esses caminhos. Somente então ele pode dizer que venceu o destino e adquiriu sua liberdade divina, mesmo estando aqui embaixo. Somente então ele, o Iniciado, pode tornar-se iniciador, profeta e teurgista, um vidente e criador de almas, porque somente quem é livre pode libertar os outros".

Os Mistérios Maiores

Eram dados mais conhecimentos de Elêusis nos Mistérios Maiores. Estes tinham lugar no grande templo de Deméter, deusa da terra, no qual havia lugar para muitas pessoas. Na entrada estavam gravadas as palavras: "Não entre aqui com mãos impuras". Uma inscrição ainda mais admirável estava gravada sobre a porta do templo de Delfos: "Conhece a ti mesmo e conhecerás o Universo e os Deuses". Pensamentos semelhantes foram emitidos pelo salmista judeu: "Quem,

Senhor, habitará teu tabernáculo? Quem pode habitar teu monte sagrado? Aquele que anda com integridade e pratica a justiça , e fala a verdade de seu coração". (*Salmos 15:1-2*)

Elêusis estava 18 quilômetros ao norte de Atenas, e os Mistérios eram aí celebrados no equinócio outonal. As opiniões divergem sobre se tinham lugar a cada ano ou a cada cinco anos. Viviam em Elêusis duas famílias hereditárias; a Eumolpidae, dos Hierofantes e das sacerdotisas, e a Didache, dos Arautos hereditários, cuja função era proclamar as celebrações e conduzir as marchas cerimoniais, etc. A proclamação era expressa aproximadamente assim: "Que ninguém com vida impura ou corpo deformado se aproxime desses mistérios sagrados".

O Hierofante era considerado uma pessoa muito santa, tanto que seu nome não podia ser mencionado. Ele usava paramentos brancos de lã e, ao que se dizia, possuía uma voz de beleza arrebatadora. Um poeta grego menciona-o como alguém "que emitia uma expressão arrebatadora, cuja voz o catecúmeno desejava ouvir". Isto lembrava a passagem do *Apocalipse:* "Sua voz era como o som de muitas águas".

Alguns dias antes das celebrações em Elêusis, os objetos sagrados eram transportados para Atenas. Então chegava o grande dia, quando eles eram trazidos de volta, em marcha cerimonial, à meia-noite, precedidos pelas virgens cantando. Todos que deviam participar das cerimônias que iam acontecer tomavam parte nessa marcha de 18 quilômetros até Elêusis. Os participantes ficavam na vizinhança do Templo de Deméter nos dez dias seguintes. O Hierofante tinha o direito de recusar a admissão de qualquer pessoa e, em certa ocasião, recusou um imperador romano, fazendo dele um inimigo mortal.

O que acontecia dentro dos recintos sagrados do templo ninguém sabe, pois tudo era feito no mais estrito segredo. Mas alguma coisa pode ser deduzida dos escritos e das indicações de vários autores gregos e romanos que tinham sido iniciados.

Os candidatos à iniciação eram deitados em túmulos simbólicos e artificialmente liberados de seu corpos pela aplicação à espinha de uma vara altamente magnetizada, chamada Tirso. No Egito, o corpo sem vida era guardado e preservado inviolado pelo sarcófago em que jazia temporariamente. Certa vez, visitei os vastos templos subterrâneos em New Grange, próximo a Drogheda, na Irlanda. A entrada é baixa e tem estranhos escritos cuneiformes em suas pedras que, acredito, ninguém ainda decifrou. No final, existem três alcovas em forma de cruz, cada uma contendo um sarcófago. Um quarto está no centro do templo. Notei que todos esses sarcófagos eram menores que o usual, e assim cogitei se o corpo seria colocado na posição de uma criança antes do nascimento, em vez de deitado.

Uma vez livre do corpo, o neófito incursionava no submundo, passando primeiro pelo que chamamos plano astral inferior, que se considerava estar no centro de nossa terra, sob nossos pés. Aí o ar é espesso e túrgido, e o cenário como um quadro de Gustavo Doré, onde nada vivo cresce. Os egípcios chamavam-no Amenti, e o narrador, no *Livro dos Mortos*, exclama: "Que lugar é este a que cheguei? O ar é espesso e túrgido". Quase tangível, na verdade. Apuleius diz: "Fui levado até próximo dos confins da morte. Andei no limiar de Perséfone. Fui levado através de todos os elementos e voltei aqui mais uma vez. Vi o sol com o esplendor de seu brilho visível, ao findar-se a noite. Aproximei-me dos deuses acima e dos deuses abaixo, e adorei-os face a face".

Outro escritor grego diz que, no princípio, livre de seu corpo, ele se encontrou num lugar escuro cercado de visões e sons aterrorizantes, mas que, avançando com coragem, ele atingiu os Campos Elíseos (os subplanos do astral superior) e se encontrou na presença dos deuses. Tem assim o Iniciado, em primeira mão, a experiência das condições de pós-morte e, ao voltar aos seus corpos, deixa o templo com a face irradiando alegria. Diz o poeta Píndaro: "Feliz aquele que atravessa a espessura da terra, tendo testemunhado esses mistérios! Ele certamente conhece o desenrolar da vida". E diz o orador romano Cícero: "Nós, pelo menos, temos razões para viver e não somente estamos desejosos de viver, mas temos mais esperança na morte".

Mas há outra razão ponderável para as faces dos Iniciados brilharem de alegria. Um dos últimos acontecimentos no templo era o "aparecimento dos deuses". Proclus diz que eles, muitas vezes, apareciam como uma luz e, outras vezes, a luz tomava a forma humana. Escreve ele: "Em todas as iniciações e em todos os mistérios, os deuses mostram muitas formas de si mesmos, algumas vezes uma luz de contorno indefinido, em outros momentos a luz toma uma forma humana". Uma autoridade nos Mistérios de Elêusis, o francês M. Foucart, conclui que o último ato no templo de Deméter era a retirada do véu das estátuas dos deuses. O que foi dito acima, diz ele, é suficiente para explicar a tremenda exaltação de espírito com que o iniciado deixava o recinto. Mas eu nunca acreditei nele, e encontrei a resposta em duas direções. Uma foi uma carta de Alexandre, o Grande, para sua mãe. Quando, ainda jovem, no Egito, ele foi iniciado nos Mistérios Egípcios, e ele escreve: "Os sacerdotes tinham me mostrado que os deuses são homens". Adeptos, na verdade.

Mais uma vez, São Clemente de Alexandria, que após sua iniciação nos Mistérios Gregos tornou-se cristão e foi novamente iniciado nos Mistérios Cristãos, que já existiam na época, escreve em seu livro de memórias, intitulado *Stromata* ou *Miscelânea*, que, quarenta anos após sua morte, o Cristo apareceu durante as celebrações do ritual e lecionou para os participantes. Ele afirma que não pode se lembrar claramente do que foi dito e feito. "Há algumas coisas de que não me recordo, pois o poder que estava nos Santos Seres era demasiado grande". Mas diz ele que escreve o bastante para recordar coisas para a memória de alguém que, "como eu próprio, tenha sido atingido pelo Tirso".

Não admira que, ao deixar o templo, as faces dos Iniciados irradiassem alegria!

CAPÍTULO 2

Sua Restauração no Futuro

Como já foi mencionado, nos primeiros tempos da religião cristã, ela também tinha sua escola esotérica e seus mistérios. Isto é evidenciado pelos escritos dos primeiros Padres cristãos, especialmente S. Clemente de Alexandria.

Não há dúvida de que esses agrupamentos gnósticos tiveram origem no antigo povo essênio, em cujo meio, dizem as tradições, o discípulo Jesus viveu seus primeiros anos. De que os essênios vieram a ser os primeiros cristãos eu não tenho dúvida. Isso é corroborado por muitas referências feitas no Novo Testamento. Os essênios eram uma congregação ascética e mística que tinha certas regras inflexíveis. Eles tinham todos os bens em comum, usavam vestes brancas, nunca juravam, e estabeleceram muitos centros missionários em toda a Ásia Menor e Sul da Europa, enviando seus missionários dois a dois, sem dinheiro, mendigando ao longo de seu caminho como ainda hoje fazem os monges budistas. O Cristo também enviou Seus discípulos dois a dois, sem dinheiro; ele também lhes disse que nunca jurassem, mas que suas palavras fossem totalmente sinceras. A vida esotérica dos essênios, como já foi dito, tinha três graus: o da Criança, o do Irmão e o do Perfeito. Quando Cristo tomou uma "Criança" e colocou-a entre Seus discípulos e lhes disse que deveriam tornar-se como uma "criança" se quisessem entrar no Reino dos Céus, talvez ele estivesse na realidade admitindo um neófito na Ordem. Há sempre um resultado cármico muito sério ao tentar afastar um neófito do caminho escolhido por ele. Muitos dos essênios eram também terapeutas ou curadores. Quão frequentemente nosso Senhor faz isso para os homens.

Josephus, o historiador judeu, conta-nos que em seu tempo havia três corporações religiosas principais na Judeia: os fariseus, os saduceus e os essênios. Os saduceus eram os materialistas antigos; eles não acreditavam em qualquer existência após a morte. Os fariseus pensavam que o bom reencarnava e o mau era destruído. Isto não poderia ser verdade, pois os maus estão ainda conosco! Os essênios tinham, sobre reencarnação, opinião semelhante à dos teosofistas. O próprio Josephus ficou dois anos de cada vez com cada uma destas corporações, aprendendo suas doutrinas, e finalmente decidiu permanecer com os fariseus. (*Antiguidades, XIII, v.9*).

Dr. Smith escreve sobre os essênios em seu *Dictionary of the Bible:* "Numerosas corporações de ascetas, especialmente próximo do Lago Mareotis, devotavam-se à disciplina e ao estudo, renunciando à sociedade e ao trabalho e frequentemente esquecendo, segundo se diz, as mais simples necessidades naturais na contemplação da sabedoria oculta das escrituras. Eusébio afirmava mesmo que elas eram cristãs, e algumas das formas do monasticismo eram evidentemente modeladas segundo os terapeutas". Um sábio clérigo alemão, dr. Guisberg, é da mesma opinião. "Dificilmente pode-se pôr em dúvida", escreve ele, "que nosso Salvador, Ele mesmo, pertencesse a esta santa fraternidade". Eusébio escreve: "Os essênios eram cristãos, e seus antigos escritos eram nossos evangelhos e epístolas". Escreve o Bispo Ephannius (400 d.C.): "Aqueles que acreditavam em Cristo eram chamados essênios antes de serem chamados cristãos". Essas conclusões parecem ter sido fortalecidas pelas descobertas de manuscritos nas proximidades do Mar Morto em meados do século 20.

Tive uma curiosa confirmação disso eu mesma, há muitos anos, quando estava fazendo conferências na Índia. Notei, em uma conferência, um grupo de homens, todos vestidos de branco, sentados juntos. Eles vieram falar comigo depois e disseram-me que eram cristãos, mas não convertidos por missionários. Eram descendentes, segundo afirmaram, daqueles que tinham sido convertidos pelo discípulo do Senhor, São Tomé, cujo corpo, ao que se diz, está enterrado em Madras.*

Que São Paulo estava familiarizado com as doutrinas dos essênios é evidente por suas epístolas. Como já disse, o terceiro grau entre os essênios era o de "Perfeito", e São Paulo escreve aos coríntios: "Falamos em sabedoria entre aqueles que são perfeitos; não, porém, a sabedoria deste mundo... Mas falamos da sabedoria de Deus num mistério, *precisamente a sabedoria oculta*, a qual Deus ordenou desde a eternidade para nossa glória, que nenhum dos príncipes conheceu; pois se a tivessem conhecido nunca teriam crucificado o Senhor da glória". (*Cor. I., 2:6-8*) A sabedoria esotérica era chamada por muitos nomes: o maná oculto, as águas da vida, a árvore da vida, etc. E a consciência dela originada era tão diferente, tão maior, que o homem em quem ela florescia, era considerado como "tendo nascido novamente", na terminologia oriental: o "nascido duas vezes". O Cristo, durante suas reuniões noturnas com Nicodemus, disse ter "nascido da água e do espírito". A água é o símbolo da natureza humana com sua tendência a escorregar para baixo; o fogo é o símbolo do espírito que sempre tende para cima e não decai, embora muitos outros fogos sejam acesos. O Homem Perfeito, o Filho de Deus no homem, é nascido de "mãe" humana visível, Mãe Natureza, e de um "Pai" Divino para sempre invisível. "Você entrará na Luz, mas nunca tocará a chama." (*L.C.*) Assim como o homem, o microcosmo, também o Universo, o macrocosmo, veio a existir pela ação conjunta desses dois elementos incompatíveis, água e fogo.

* A cidade de Madras chama-se atualmente "Chennai". (N. ed. bras.)

Os essênios foram provavelmente os criadores das várias corporações gnósticas da Europa primitiva, cujas cerimônias e ensinamentos foram mais ou menos alterados e adotados pela Igreja Católica Romana. H.P.B. escreve em *A Doutrina Secreta:* "Certos padres da Igreja que eram letrados conheciam essas doutrinas, tinham visto e lido trabalhos a seu respeito, e alguns deles tinham sido iniciados nos antigos Mistérios, em cujas cerimônias as doutrinas arcanas eram dramatizadas e postas em cena". (*D.S.,* vol. I.) Ela também escreve: "As múltiplas faces da Linguagem dos Mistérios levaram à adoção dos variados dogmas e ritos no exoterismo dos rituais da Igreja. Esses, mais uma vez, é que são a origem da maioria dos dogmas da Igreja Cristã; por exemplo, os Sete Sacramentos, a Trindade, a Ressurreição, os Sete Pecados Capitais e as Sete Virtudes. As Sete Chaves da Língua dos Mistérios estiveram sempre sob a guarda dos mais elevados entre os Hierofantes da Antiguidade, e é somente o uso parcial de umas poucas das sete que passaram, através da traição de alguns primeiros padres da Igreja – ex-Iniciados dos Templos – às mãos da nova seita dos nazarenos. Alguns dos primeiros Papas eram Iniciados, mas os últimos fragmentos de seu conhecimento caíram agora em poder dos jesuítas (...)". (*D.S.* vol. I.)

Perguntaram a H.P.B. o que poderia salvar a Igreja Romana. Ela replicou que não estava além dos limites das possibilidades que um Iniciado viesse a ser Papa. "Os ensinamentos são, pelo menos parcialmente, conhecidos por diversos padres da Igreja. É mantido, sobre bases puramente históricas, que Orígenes, Sinésio, e mesmo Clemente de Alexandria, tinham sido iniciados nos Mistérios antes de acrescentarem ao neoplatonismo da Escola Alexandrina o neoplatonismo dos gnósticos, sob aparência cristã. Mais que isso, algumas doutrinas das escolas secretas, embora nem todas, foram preservadas no Vaticano, e têm, desde então, se tornado parte dos Mistérios, na forma de adições desfiguradas feitas ao programa cristão original pela Igreja Latina, tal como é agora o dogma materializado da Imaculada Conceição." (*D.S.*, vol. I.) Este último é um mito cósmico, simbolizando o Espírito de Deus movendo-se na superfície das águas, isto é, *Mare*, o oceano da matéria cósmica não diferenciada, e assim dando nascimento ao Filho Cósmico de Deus, o Universo.

É provável que as doutrinas esotéricas tenham sido finalmente expurgadas da fé cristã pelo súbito surgimento de uma população inculta e ignorante. É fácil ver como isto pode ter acontecido. Alguns dirigentes, não muito mais sábios que seus súditos, teriam aceitado a nova fé, e então ordenado a todos os seus subordinados que fossem batizados. Desse modo, dogmas e superstições grosseiros ganharam espaço na Igreja. Um clérigo maçom escreveu na revista de sua paróquia, em Folkestone, de julho de 1913: "É um fato histórico que, até o sexto século, as doutrinas da reencarnação e preexistência eram geralmente aceitas na Igreja Cristã. Elas foram suprimidas pelo Concílio de Constantinopla, no ano 530, convocado pelo Imperador Justiniano com o propósito exclusivo de erradicar essas doutrinas e de esmagar os expoentes, principalmente Orígenes".

O decreto estava redigido como segue: "Quem quer que apoie a doutrina mística da preexistência da alma, e a consequente opinião admirável de seu retorno, que seja excomungado". E assim esses ensinamentos desapareceram nas trevas da Idade Média, embora certas corporações heréticas sustentassem e ensinassem alguns deles: a rosacruz, a dos platônicos de Cambridge (entre os quais *Sir* Thomas More), a dos cátaros,* a dos valdenses**, etc. É também evidente que as fórmulas cristãs foram em grande parte herdadas das fórmulas mais velhas pagãs.

---

* Seita religiosa que nasceu no sul da França (Sécs. XII e XIII) e que professava a doutrina dualista maniqueia. (N. ed. bras.)

** Seita semelhante à dos cátaros, nascida também na França, por volta de 1170. Conseguiu sobreviver à perseguição. Estabeleceu-se em alguns pontos da América. (N. ed. bras.)

Voltarão essas Escolas de Mistério? Sua volta não está longe: já há tentativas por todo o mundo. Há um número crescente de escolas ocultas e novas corporações estão sempre aparecendo. Algumas têm bases mais verdadeiras que outras, mas todas mostram a direção em que a água da vida está correndo. Annie Besant profetizou que numa próxima era os Mestres de Sabedoria viriam ao mundo e tomariam parte ativa nas questões humanas. Eles restaurariam, disse ela, as antigas escolas de ensinamentos e experiências ocultas, chamadas Mistérios.

É claro que antes que isso possa ocorrer deve haver paz permanente entre as nações e devem ser removidos definitivamente deste planeta os crimes da pobreza e da guerra. Isso é um acontecimento que muito lentamente vai tendo lugar. Tentemos todos ler as notícias do mundo à luz dessa esperança. Boa parte dos habitantes do mundo nunca tem o bastante para comer, durante sua vida. Isso é um crime. A fortuna excessiva é também um crime. Isso somente pode acontecer, como nos disse John Ruskin, à custa da privação e pobreza do outro lado da balança. O assassinato em massa (a guerra) é um crime, bem como toda a desolação e miséria que daí resultam. Até que esses dois desastres de nossa vida comum sejam afastados para sempre, os Senhores da Sabedoria e Compaixão não podem aparecer entre os homens. As tentativas anteriores neste sentido, frequentemente resultaram em desastres.

Mas eu não estou desesperançada. Esses dois maiores crimes contra a humanidade estão a caminho da extinção, embora lentamente, e está para chegar o dia em que nossos Irmãos mais Velhos poderão andar livremente entre nós. Nos planos superiores, a emissão de grandes forças espirituais tem preparado o caminho e, por terrível que tenha sido o passado imediato, a evolução mundial foi enormemente apressada. Embora seja este o lado mais importante do que está acontecendo, o outro, o lado material, vem em seguida. Estas são palavras de H.P.B.: "A verdadeira evolução ensina-nos que, alterando o ambiente de um organismo, podemos alterar e melhorar o organismo e isto é totalmente verdadeiro em relação ao homem. Todo teosofista, portanto, tem que fazer o melhor que lhe seja possível para ajudar, por todos os meios ao seu alcance, todos os esforços que tenham por objeto a melhoria das condições sociais dos pobres. Tais esforços devem ser feitos tendo em vista a emancipação final e o desenvolvimento do sentido de dever naqueles que hoje tão frequentemente o esquecem em todas as relações da vida". À luz dessas palavras, as atuais mudanças na civilização podem ser melhor compreendidas. O mínimo que pode se esperar dos futuros discípulos é que eles irradiem um espírito de boa vontade, paciência, tolerância e compreensão. Pois, na medida de nossa compreensão, vem a capacidade de perdoar.

Annie Besant disse-nos que os Irmãos, quando vierem, necessitarão de muitos *Adikaris*, isto é, aqueles que são capazes, em certo grau pelo menos, de liderar através da inspiração. Pense no que isso significa. Não é alguém que dirija homens como se fossem uma boiada, mas alguém que vá na frente com a tocha da inspiração, da esperança e da vontade. O verdadeiro chefe compreende o coração humano, seus problemas e suas necessidades. Ele sabe como despertar a chama da devoção sem egoísmo. Ele ganha os corações das pessoas, mais que suas cabeças, e, portanto, sua lealdade até a morte. Ela nos pediu que nos tornássemos tais chefes, se pudéssemos, e cultivássemos nossos poderes e faculdades.

O discípulo nunca está desencorajado, desanimado. Ele corporifica em si a expressão do famoso sábio Pitágoras: "Tenha coragem, a raça dos homens é divina". Laurie, um psicólogo de larga experiência, está convencido de que a natureza humana é basicamente boa e que todas as tendências más resultam da educação e do ambiente.

Grandes dias estão diante de nós! Todos os homens de fé e boa vontade deveriam dar-se as mãos ao redor do mundo. Talvez então pudéssemos evitar muitos e tremendos desgostos para nossos irmãos da humanidade.

Sempre no fim de todos os séculos a Fraternidade faz um esforço especial para ajudar a humanidade e aliviar o mundo. Isto é o que H.P.B. diz a respeito, em *A Chave para a Teosofia.*[*]

"Mas devo lhe dizer que, durante o último quarto de cada cem anos, é feita uma tentativa pelos 'Mestres',... para ajudar o progresso espiritual da Humanidade, de maneira nítida e definida. Ao se encerrar cada século, vocês invariavelmente verificarão que uma emissão ou uma elevação da espiritualidade – ou chame misticismo, se preferir – tem tido lugar. Uma ou mais pessoas têm aparecido no mundo como seus agentes e tem sido transmitida maior ou menor quantidade de ensinamento oculto..."

"Se tiver sucesso a tentativa atual de nossa Sociedade... então ela estará existindo como um corpo vivo, saudável e organizado, quando vier o tempo para o esforço do século XX. A condição geral das mentes e dos corações dos homens terá progredido e terá sido purificada pela disseminação dos seus ensinamentos, e... suas ilusões preconceituosas e dogmáticas terão sido removidas, em boa parte pelo menos. Não somente assim, mas além de uma literatura vasta e acessível aos homens, o próximo impulso encontrará um corpo numeroso e *unido*, pronto para receber o novo portador da Tocha da Verdade. Ele encontrará as mentes dos homens preparadas para sua mensagem, uma linguagem pronta para ele com a qual vestirá as novas verdades que ele estará trazendo, uma organização esperando sua chegada, que removerá de seu caminho dificuldades, obstáculos meramente mecânicos e materiais. Pense quanto alguém que tenha tal oportunidade poderia realizar... Considere tudo isso e então diga-me se sou exageradamente otimista quando digo que, se a Sociedade Teosófica sobreviver e cumprir verdadeiramente sua missão, seu impulso original, pelos próximos cem anos – diga-me, peço, se exagero quando afirmo –, esta Terra será um céu no século vinte e um, em comparação com o que é agora."

---

[*] Editora Teosófica, Brasília, 1991. (N. ed. bras.)

CAPÍTULO 3

O Retorno dos Magos

Eu sei que os Abençoados estarão outra vez entre nós. Há algumas pessoas que esperam que um dos maiores de todos eles, um chefe e líder espiritual do mundo, venha também.

Há uma tradição universal da volta dos grandes Instrutores. Quando os primeiros espanhóis conquistadores entraram no Peru, o povo deu-lhes as boas-vindas, pensando que eram os deuses, sobre cuja volta falavam as tradições. É rara a nação que não possua um mito parecido, e há grande semelhança entre todos eles. Por exemplo, os antigos persas esperavam a vinda de um milênio em que os mortos se reergueriam, tendo sido liberados pela terra e pelo mar, e Ormuzd apareceria em carne e osso. Como em todas as outras profecias, esta "Vinda" devia ser precedida por epidemias, fome, tempestades e guerras. Esses são os sinais inevitáveis da decadência de uma idade velha e o nascimento de uma nova. "A ordem antiga dá lugar a uma nova ordem, e Deus realiza-Se de muitas maneiras". As histórias escandinavas antigas falam sobre as calamidades dos últimos dias, depois das quais a serpente do mal seria presa e Odin reinaria supremo.

O Grande ser que volta é frequentemente algum herói legendário, tal como o celta Brian Boru, o Rei Artur, mesmo César. Platão e Virgílio mencionaram isso. O herói ou deus que volta não somente ingressa numa nova ordem, mas também toma para si os pecados da humanidade. Os gregos e romanos afirmavam que o filho de Júpiter, Baco, com a mãe terrena Sêmele, seria o Redentor das desgraças do mundo. Num antigo monumento grego estão gravadas as seguintes palavras: "Eu sou quem vos guia, sou eu quem vos protege e quem vos salva. Eu sou Alpha e Ômega". Isso faz lembrar do *Apocalipse*. O romano Mitra foi também mencionado como o Salvador.

Parece ser uma característica de todos os grandes Instrutores e Fundadores das várias religiões tomar em seus ombros os pecados e desgostos do mundo. Hórus assim fez no antigo Egito. Mesmo o Buda, ao que se diz, falou sobre si mesmo desta maneira. "Que todos os pecados cometidos caiam sobre mim, de modo que o mundo possa ser libertado."

Ele foi chamado o Grande Médico, o Salvador, o Ungido, o Único Primogênito. As profecias de Isaías, no Velho Testamento, assim expressam isto: "Ele *foi* ferido por nossas transgressões, *ele foi* machucado por nossas iniquidades... O Senhor fez cair sobre ele a iniquidade de todos nós". (*Isaías 53:5,6*).

Penso que esta seja a tradição universal do que *A Voz do Silêncio* chama "Muro de Proteção". "Construído pelas mãos de muitos Mestres de Compaixão, erguido por suas torturas, cimentado por seu sangue, escuda a humanidade, desde que o homem é homem, protegendo-a de outras e ainda maiores misérias e dores." (*V.S.*)

Também é dito que o Salvador e Instrutor vem do Oriente. Em Isaías há esta passagem: "Quem fez aparecer do Oriente o homem justo?". (*Isaías 41:2*) E os livros Sibilinos afirmam que "Então Deus enviará um Rei de onde o sol nasce que dará um fim à guerra *iníqua* sobre toda a Terra".

Como foi dito antes, esta Vinda é sempre precedida por um período de desastres. "Quem poderá suportar o dia de sua vinda? E quem subsistirá quando ele aparecer?" (*Mal. 3:2*) "O dia do Senhor será de trevas e não de luz." (*Amós 5:18*)

Chegamos agora à doutrina concomitante dos ciclos, *Yugas*. A antiga Índia e a Grécia falam das Quatro Idades sucedendo-se eternamente. Os gregos as chamam de idades de ouro, prata, cobre e ferro. Das Quatro Idades da Índia, a última, *Kali* (também traduzida por "ferro" ou "negra"), corresponde à Idade de Ferro Grega. Esta é a Idade que estamos agora. É assinalada por muita ignorância e sofrimento, quando muitos sinais antigos são removidos, mas felizmente é a mais curta das idades, e, durante seu período tenebroso, o crescimento espiritual pode ser mais rápido do que durante qualquer outro.

H.P.B. disse que agora no final do séc. XIX estávamos completando os primeiros cinco mil anos de *Kali Yuga*. "As maiores nações europeias, disse ela, atingiram agora sua Idade de Ferro, uma idade negra, repleta de horrores. Elas estão marchando para a frente por caminhos não sinalizados da culpa para a punição." Ela também disse: "O próximo terror, quando vier, afetará toda a Europa, e não somente um país". Então ela mencionou que "o Conde de Saint Germain fora o maior príncipe Adepto que a Europa tinha visto durante o último século (18), mas a Europa não o conheceu. Talvez alguns venham a reconhecê-lo no próximo Terror". Ela acaba com uma nota de esperança. "Não temos que esperar longo tempo e muitos de nós testemunharão o amanhecer do Novo Ciclo, no fim do qual umas poucas contas serão saldadas e ajustadas entre as raças."

A descrição profética de H.P.B. sobre uma "idade negra de tantos horrores"* é bem verdadeira para a era que acabamos de passar. Nos campos de concentração da Europa mais de sete milhões de pessoas inocentes foram mortas. Mas as trevas estão sumindo. A iluminação cíclica que é enviada pela Grande Fraternidade no encerramento de cada século está se aproximando. E tudo isso não torna explicável o que

---

* Alusão de H.P.B. às grandes guerras mundiais do século 20, que ela previu no século 19 e trabalhou para impedir ou ao menos para reduzir em suas dimensões, atuando desde o plano espiritual. H.P.B. e a S.T. trabalhavam em função da ideia de uma *fraternidade universal da humanidade*, mais tarde proclamada como princípio básico da Organização das Nações Unidas, a ONU. (N. ed. bras.)

está acontecendo agora no mundo? Na carta que relata o pensamento do Adepto que é o *Maha-Chohan*, encontra-se a seguinte passagem: "A raça branca deve ser a primeira a estender uma mão solidária às nações escuras – e chamar o pobre e desprezado 'negro' de irmão."

Há muitos ciclos ou *Yugas*, maiores e menores. Um grande ciclo ocorre depois de muitos milhares de anos, talvez quando o sol se move em outro signo do Zodíaco. Tal mudança vai acontecer agora, pois o sol está para se mover do signo de Peixes (os primitivos cristãos chamavam a si mesmos "pequenos peixes") para o signo de Aquário – o aguadeiro – o sinal da vinda do misticismo universal, o derramador das "águas da vida".

Somente em poucas ocasiões, na longa vida de um planeta, há uma descida muito especial do Logos de todo o Sistema Solar. Esta descida especial vem ao longo de uma linha do Segundo Raio, o Raio dos Instrutores do Mundo, que é também o Raio fundamental do Sistema Solar. É uma encarnação especial, vinda dele, e na Índia tem o adorável nome de "Avatar". A última chegada de um Avatar deu-se há cerca de 5.000 anos atrás, quando o Senhor Krishna do *Gita* esteve na Terra. Não a criança do mesmo nome que nasceu em Brindaban, mas o grande Avatar de *A Canção do Senhor*. Somente um mais virá outra vez a este planeta, aquele que é chamado no Hinduísmo o *Kalki*, ou Avatar Branco. Ele é simbolizado no *Apocalipse* como o cavaleiro no cavalo branco.

As tentativas preliminares e o consequente aprofundamento da mudança são mais profundas para esses ciclos maiores do que foram para os menores. Assim diz o Senhor Krishna: "Sempre que há decadência de comportamento, ó Bharata, e exaltação da injustiça, então eu apareço pessoalmente. Para a proteção do bem, para a destruição daqueles que fazem o mal, em benefício da justiça firmemente estabelecida, venho a nascer de uma idade para outra". (*Bhagavad Gita, capítulo. IV*)

Este é o aparecimento periódico do Instrutor do Mundo, um posto na Grande Fraternidade ocupado por um Adepto escolhido para um período prolongado. Tal posto foi, no princípio, ocupado, em nosso planeta, por um Adepto vindo do planeta Vênus porque não havia, em nosso grupo humano, nenhum membro, naquele tempo, suficientemente desenvolvido para assumir tal posição. Agora, entretanto, muitos atingiram tal desenvolvimento, e os Adeptos Venusianos retiraram-se, deixando somente quatro deles ocupando as posições mais elevadas.

Há dois membros de nossa própria humanidade que atingiram o discipulado no planeta anterior. Estes são conhecidos historicamente como o Buda e o Cristo. Vale lembrar que estes nomes são honoríficos, não pessoais. Buda significa O Iluminado, Cristo significa o Ungido. Foi decidido que Buda seria o primeiro a tomar o posto de Instrutor do Mundo – *Jagat Guru* – e, fazendo tremendos esforços, ele se qualificou em tempo. Ele atingiu a união com a Vida Eterna pelo caminho de *Jnana* ou conhecimento, e assim ele é mencionado como o Buda da Sabedoria Eterna. Seu Irmão, o Cristo, escolheu o caminho de *Bhakti* ou devoção, e assim é o Senhor do Amor. A última vez que Buda veio como Instrutor do Mundo, sua encarnação foi na Índia como o príncipe Siddhartha, que se tornou um santo Buda e fundou a Comunidade dos monges, a *Sangha*, e ensinou as verdades que são veneradas na fé budista.

Quando o Senhor estava morrendo, Ananda, o discípulo amado, que era também seu primo, ansiosamente perguntou-lhe: "Quem nos ensinará quando você tiver partido?". "Quinhentos anos depois de minha morte," respondeu o Abençoado, "virá o Buda Maitreya e ele ensinará ao mundo". Maitreya significa o Senhor do Amor Fraternal, e é o nome pelo qual o Cristo é conhecido no Budismo. Quinhentos anos depois da morte do Buda, Cristo veio à Palestina. Ele é agora e será ainda, por milhares de anos, o Instrutor do Mundo. Quando acabar seu tempo, seu lugar será ocupado pelo Mestre K.H.

Este ensinamento concernente ao Senhor Maitreya é mencionado por São Paulo, que fala dele como "o primogênito entre muitos irmãos". (*Rom. 8:29*) Isso é literalmente verdadeiro, pois ele e o Senhor Buda foram os dois primeiros de nossa humanidade a despertar e realizar a Consciência Divina neles próprios. São Paulo escreve numa admirável passagem: "Embora sendo Filho, aprendeu a obediência pelas coisas que sofreu; e tendo sido aperfeiçoado, tornou-se o Autor da salvação eterna para todos que lhe obedecem". (*Heb. 5:8-9*) Seguramente deve ter sido em outras vidas que Nosso Senhor Cristo aprendeu a obedecer às eternas leis da Natureza, aquelas leis eternas e imutáveis que são os verdadeiros Mandamentos de Deus. E tendo atingido a perfeição, ele se tornou autor da salvação de outros, pois nenhum homem pode "salvar" outro antes que seja ele próprio iluminado.

São Paulo então continua dizendo "que ele tinha sido nomeado por Deus sumo sacerdote segundo a ordem de Melquisedeque". (*Heb. 5:10*) O que é a ordem de Melquisedeque? Seguramente é a mesma que é chamada no Hinduísmo de a dinastia dos *Jagat Gurus* ou Instrutores do Mundo, e no Budismo de a sucessão dos Budas ou Iluminados.

Estamos agora nas últimas dores de um ciclo agonizante. Tudo ao nosso redor são signos de uma era passada. O Cristo, quando na Terra, disse que o vinho novo não podia ser colocado em garrafas velhas. Assim, a questão agora é com todas as instituições da humanidade, religiosas, políticas, artísticas, científicas, etc: "São as formas existentes bastante elásticas para se ajustarem à nova maré da vida?". Pois, se assim não for, elas devem ser rompidas e postas de lado. Esta é a hora da volta do Cristo. Os sinais que ele próprio deu estão conosco. Pois, quando seus discípulos lhe perguntaram: "Quais serão os sinais de vossa vinda e do fim do mundo?". (*Mateus 24:3*) Sua resposta indica a condição atual. Mas há duas palavras dos discípulos que podem ser traduzidas de modo diferente. São as palavras *aeon* e *parousia*. A primeira, que em nossa Bíblia é dada como "mundo", na realidade significa um intervalo de tempo, uma idade. *Parousia* significa mais propriamente "aparição", mais uma aparição física, do que uma "vinda". "Quais serão os sinais de vosso reaparecimento e o fim da era?" E o Senhor respondeu: Guerras e rumores de guerras, pestilências, fome, terremotos, nação erguendo-se contra nação e reino contra reino. Poderia haver uma descrição melhor ou mais verídica deste momento atual? Que ele sabia ser o Instrutor do Mundo é evidente por outro dito dele: "Ainda tenho outras ovelhas, não deste aprisco, a mim me convém conduzi-las, elas ouvirão a minha voz; então haverá um só rebanho e um só pastor". (*João 10:16*)

Isto é profético desta era que começa onde toda ânsia de vida é para a unidade. Aviões, radiofonia, expansão econômica, etc. fizeram deste mundo redondo um espaço-tempo quase aniquilador. Unidade é a nota tônica da idade vindoura, e isso foi também visto pelo intuitivo estadista italiano Joseph Mazzini. Sem qualquer conhecimento de Ocultismo, ele conjeturou a sucessão das eras, cada uma das quais, disse ele, traz uma mensagem especial para a humanidade. Ele também acreditou termos chegado ao fim de uma era, e a mensagem do futuro, escreveu, era a cooperação entre classes, povos e nações. "Estamos inclinados," disse ele, "a organizar as nações para esse ideal supremo". As guerras nos ensinaram isso. Quando a existência de uma nação estava em perigo, as diferenças de classes eram voluntariamente esquecidas. Agora é a hora de todas as nações colocarem de lado o orgulho e as diferenças nacionais e "direitos soberanos" na procura de um ideal maior, a unidade e felicidade da humanidade toda. O sonho de Tennyson será realizado, "o Parlamento do Homem e a Federação do Mundo". Estamos nos aproximando desse ideal lentamente e com muita discussão. Isto acontecerá, e então os Homens Perfeitos poderão, mais uma vez, estar entre nós. "Os deuses eternos, imortais, que procuram sempre vir em forma de homens." (Edward Carpenter)

Há hoje no mundo, aparentemente, duas grandes tendências. Uma é para o interior e a outra é uma tendência correspondente para o exterior. Há por toda parte, pelo que se pode notar, um interesse crescente pelo assunto do misticismo e de uma vida interna plena. A humanidade está lentamente trocando a contemplação de um Deus Transcendente pela presente compreensão da verdade de um Deus Imanente na profundeza do coração humano. Daí o crescimento extraordinário e progressivo do interesse público por todas as formas de *Yoga* e assuntos afins. Demos ao Oriente instrumentos úteis e valiosos de auxílio e conforto material, tais como ferrovias, carros, rádio, etc. Mas o Oriente nos deu o tesouro do espírito, as magníficas escrituras e o conhecimento oculto de tempos imemoriais. É uma troca justa e cheia de tremendas possibilidades para o mundo unido do futuro. Estamos na véspera da chegada da Sexta Raça-Raiz, a primeira de mente verdadeiramente espiritual a habitar esta Terra. Outro sinal é este sentimento crescente de humanitarismo em todas as direções, estendendo-se, além disso, a todos os reinos inferiores.* A profecia de Isaías será cumprida: "Não se fará mal nem dano algum em todo meu santo monte; porque a Terra se encherá do conhecimento do Senhor, como as águas cobrem o mar". (*Isaías 11:9*)

O efeito desta progressiva consciência sobre os acontecimentos externos lentamente tornar-se-á claro, cada vez mais. H.P.B. disse certa vez que um sinal da aproximação da maturidade espiritual era o crescimento do senso de responsabilidade. Lentamente, talvez muito lentamente, esse senso está crescendo nas nações do mundo. Por isso está crescendo a luta contra a pobreza e a guerra, e o sentimento de ansiedade que cria o que se chama "governos de bem-estar social". Estamos todos nos tornando inquietamente conscientes de que somos guardiões de nossos irmãos.

Frequentemente, perguntam-me por que nossos Mestres não vêm para cá e acabam com as guerras. Como foi dito antes, eles nunca vão contra as leis da Natureza nem contra

---

* A primeira edição desta obra é de 1964, e esta frase de Clara Codd se viu confirmada pela forte consciência ecológica que se espalhou pelo mundo a partir da década de 1970. (N. ed. bras.)

suas inevitáveis reações. Produzimos as guerras do mundo com nossa ignorância, medo e cobiça. Nós as produziremos mais uma vez, a menos que aprendamos as grandes lições do que aconteceu. Mas não temo. Estamos aprendendo, embora tardiamente. "Pois ninguém vive por si mesmo, e ninguém morre por si mesmo." (*Rom. 14:7*) Estamos sempre em eterno relacionamento; nenhum homem e nenhuma nação podem ganhar para si mesmos somente, exceto à custa de todos os outros. Os tremendos acontecimentos atuais devem ser lidos à luz do grande plano cósmico que pertence aos eternos céus. Esta é a visão espiritual sem a qual "as pessoas perecem".

Uma nova apresentação das verdades eternas da vida e uma nova civilização são iminentes. Os Instrutores do Mundo não fundam, eles próprios, uma religião. Seus seguidores o fazem mais tarde. Penso que eles todos enfatizam a verdade de que o homem é fundamentalmente divino, que todo filho do homem também é, e para sempre, um filho do Altíssimo. Vyasa fala do "Um sem segundo"; Hermes, o Três Vezes Grande, da Luz interior; O Buda ensinou aos homens as Quatro Nobres Verdades: Sofrimento, a Causa do Sofrimento, a Cessação do Sofrimento e o Nobre Caminho Óctuplo. Veio então o Cristo que falou do Amor, que é o Reino do Céu, e pediu aos seus discípulos "amai uns aos outros como eu vos amei". Ele também ensinou um Nobre Caminho Óctuplo: as Bem-Aventuranças que foram dadas no Sermão da Montanha, um termo místico para um estado mais elevado de consciência.

Há, no mínimo, cinco indicações fortes das mudanças que estão ocorrendo hoje na consciência dos homens:

1. A ideia mística crescente da Divindade e de Sua sede nas profundezas do coração humano.

2. O rápido desaparecimento do dogmatismo e sua consequente intolerância, superstição e crueldade.

3. O sempre crescente progresso de um contato cada vez maior com o invisível.

4. A compreensão correta do ritual.

5. O pensamento crescente do Senhor Cristo como um Cristo vivendo aqui e agora. "E eis que estou convosco todos os dias *até* a consumação dos séculos." (*Mat. 28:20*)

Então o que eu e você faremos? Parecemos tão pequenos e sem importância, entretanto cada um de nós é um centro radiante. Este centro deveria ser tão amplo, tão paciente, tão compreensivo, tão cheio de generosa boa vontade, quanto possamos. É mais importante que nosso irmão seja feliz do que nós mesmos sejamos, embora, na verdade, ao querer a felicidade dele, nós próprios fiquemos mais felizes. Afastemos o medo e a avidez, mesmo em relação àqueles que nós mais amamos. Renunciemos ao dogmatismo e à superstição. Temer o Universo é temer a Vida Eterna. O futuro discípulo não tem medo, nem deseja avidamente ganhar para si mesmo bens materiais ou prestígio, ou satisfação pessoal. Sim, sei que tudo isto é um tanto "não humano", mas como Annie Besant disse, quando alguém protestou que o recomendado por ela não era humano: "Sim, meus queridos, mas eu pensei que todos vocês estivessem tentando ser super-humanos!".

O aspirante ao discipulado nunca perde a coragem. Os tempos são muito difíceis e duros para todos. "Suporta-os com bravura, Bharata." (*B.Gita.*) Estes são tempos tremendos, os mais importantes que atingiram este globo. É uma honra estar vivo e presenciá-los. Estas horas de aflição pressagiam a aurora que está vindo. O que nos diz então Nosso Senhor que devemos fazer? "Ao começarem estas coisas a suceder, exultai e erguei vossas cabeças; porque a vossa redenção se aproxima." (*Lucas 21:28*)

Parte 2

A Fraternidade dos Homens Perfeitos

CAPÍTULO 4

A Natureza do Adepto

H. P. Blavatsky prestou ao mundo um serviço incalculável. Ela restituiu ao mundo ocidental o conhecimento da existência dos Homens Perfeitos. O Oriente não tinha esquecido completamente disso, graças a sua tradição antiga de grandes *Rishis* e Gurus. O que este conhecimento significa para o homem que aspira à verdade, embora ainda confuso, nunca poderá ser expresso adequadamente em palavras. Somente posso descrever o que ele significa para mim. Há muitos anos ouvi falar sobre isso pela primeira vez, em minha mocidade, logo depois da morte de meu pai; tínhamos então ido viver na Suíça, na histórica cidade de Genebra.

Um amigo levou-me à casa do cônsul da Rússia, conde Prozor, para ouvir uma conferência de um dos fundadores da Sociedade Teosófica, coronel Henry Steel Olcott. Nunca esquecerei aquela tarde pela alteração que ocasionou posteriormente em minha vida. Eu nada sabia sobre os ensinamentos e a filosofia da Teosofia. De longa data eu deixara a Igreja Cristã e me considerava agnóstica. Entretanto, ao ouvir o coronel descrever cinco dos Adeptos que ele tinha encontrado pessoalmente em corpo físico, eu soube, sem nenhuma dúvida, que ele falava a verdade. Toda minha alma respondeu. "Certamente", disse a mim mesma, "deve haver sábios capazes de dizer em que consiste a vida, e para onde ela está nos levando". E decidi que não descansaria até encontrar os sábios, ainda que nisso tivesse de empregar toda minha vida.

Havia um, em especial, a quem meu coração respondeu imediatamente, e essa devoção nunca vacilou desde então. O coronel e três outros visitaram o Templo Dourado dos belicosos *sikhs*, em Cachemira. Ele contou esta história em seu livro *Old Diary Leaves* (II, 254-5): "Num altar onde estavam expostas espadas, discos afiados, vestes de malha e outros apetrechos bélicos dos sacerdotes guerreiros *sikhs*, fui recebido, para minha surpresa e alegria, com um amável sorriso por um dos Mestres, que na ocasião figurava entre os guardiões e que deu a cada um de nós uma rosa, com uma bênção em seus olhos. O toque de seus dedos, quando me passou a flor, fez com que uma vibração percorresse todo o meu corpo".

Aquele foi o começo de uma vida inteiramente nova para mim e que determinou o curso do meu futuro. Logo em seguida eu entrei para a Loja Dharma da Sociedade Teosófica em Genebra, e pedi ao jovem presidente da Loja que me falasse mais sobre os Mestres de Sabedoria, como eu começara a chamá-los. Nos primeiros tempos da Sociedade eles eram chamados *Mahatmas*, uma palavra sânscrita que significa "grande alma".* O Presidente meneou a cabeça. "Nunca falamos Neles", disse ele. Isto mostra uma grande diferença entre a atitude dos membros agora e na época.

Somente quando voltamos à Inglaterra e conheci Marie Russak e James I. Wedgwood, é que finalmente o meu ardente desejo foi satisfeito. Um pouco mais tarde, fui enviada a Adyar por um dos maiores amigos que tive, Joseph Bibby, e então comecei a ter completo conhecimento deles. Todas as tardes, após o dia de trabalho, nos reuníamos todos no terraço – espaço entre os dois principais edifícios do escritório principal – e Annie Besant e Charles Leadbeater respondiam às nossas perguntas escritas. Como já disse, Leadbeater podia provocar grande hilaridade, mas, por outro lado, ele era uma pessoa admirável e profunda. Em toda minha vida nunca ouvi ninguém descrever os Mestres de Sabedoria com tamanha

---

* O Adepto é um ser perfeito do ponto de vista da nossa humanidade atual. O Mestre é um Adepto que aceita discípulos. (N. ed. bras.)

beleza, reverência e convicção como ele fazia. Algumas vezes, após essas reuniões, ficávamos todos em outro mundo tão acima da Terra que não podíamos falar. Lembro-me de mais de uma vez quando, silenciosamente, descíamos à praia e, por uma hora, nos sentávamos ali, em silêncio, ante o maravilhoso de tudo aquilo.

Entretanto, há dois erros que nossos membros, às vezes, cometem, um mais frequente no Oriente e o outro, no Ocidente. No Oriente, perguntam-me se nossos Mestres são deuses tão grandes quanto Vishnu ou Shiva. No Ocidente, algumas vezes, chegam à conclusão de que eles são "espíritos-guias". Mesmo o coronel Olcott tinha, no começo, esta impressão sobre eles, talvez pelo fato de ter se encontrado com Blavatsky pela primeira vez em uma sessão espírita, onde ele fora para fazer uma reportagem. Um grande Adepto escreveu-lhe estas palavras: "Não sou um espírito desencarnado, Irmão. Sou um homem vivo, dotado de tais poderes, por nossa Loja, como os que estão reservados para você algum dia". (*O.D.L. I, 237*)

O Mestre não é nem um "deus", nem um "espírito-guia". Certamente, como mostrarei mais tarde, ele nada tem a ver com qualquer forma de comunicação espírita. Ele é um homem, embora um homem plenamente desenvolvido, muito avançado no estágio de evolução, em relação à maioria de nós. Em nossa longa jornada evolutiva, o primeiro veículo da consciência a ser desenvolvido é o corpo físico. Raças muito primitivas estão bastante empenhadas nisso. Os antigos atlantes desenvolveram as sensações e as emoções, cujo veículo é o corpo astral. Atualmente a raça predominante, a ariana, está empenhada no desenvolvimento do veículo mental. Isto é até um certo ponto perigoso, pois, em muitos casos, o desenvolvimento da mente ultrapassou os limites e, em alguns casos, bloqueou a natureza espiritual nascente. Um Mestre fala de nossa civilização como "repousando exclusivamente no intelecto". (*C.M.*) Em outra carta ele escreve: "Neste ponto então o mundo está marcado pelos numerosos resultados da atividade intelectual e *inatividade espiritual*". (*C.M.*)

Este é o ponto que atingimos em nosso progresso evolutivo, e é muito fácil ver, hoje em dia, a verdade da afirmativa de H.P.B. de que a mente *não iluminada* pelo espírito é o verdadeiro demônio no homem. Se passarmos este ponto perigoso, sem uma catástrofe arrasadora, teremos pavimentado o caminho para a vindoura sexta Raça-Raiz, a primeira raça verdadeiramente espiritual e iluminada a nascer neste planeta.

A mesma sequência pode ser observada na vida de uma criança, cuja vida pré-natal passa pelos tipos pré-humanos. "A natureza segue a mesma trilha desde a "criação" de um Universo até a de um mosquito." (*C.M.*)

Todo homem pensa, sente e age: os polos humanos da Sabedoria Divina, do Amor e do Poder originalmente puros no Universo. Na criança, como no homem primitivo, a ação vem primeiro. A atividade incessante de uma criança é por todos conhecida. Assim a criança vai entrando em contato progressivo com o mundo físico ao seu redor. Mais tarde sua natureza emocional se abre e, a seguir, alcança a plenitude de sua força mental. Continuando a analogia, poderíamos comparar o despertar do reino do espírito com a qualidade sintética conhecida como a sabedoria da velhice.

Na grande família da humanidade, como em toda pequena unidade de uma família pessoal, ninguém é da mesma idade. Na família humana ninguém tem a mesma idade da alma. Alguns estão emergindo do primeiro estágio, modelo da Terceira Raça-Raiz*, outros do segundo, simbolizado pela Quarta, e muitos do terceiro, tarefa especial da Quinta Raça-Raiz. Isso quer dizer que, conquanto tenhamos desenvolvido o corpo físico quase até o limite de sua capacidade, e tenha-

---

* O conceito teosófico de *raça* ou *raça-raiz* corresponde a um conjunto de civilizações que se sucedem e que têm certas características em comum. O conceito independe das características físicas do ser humano, e é fundamentalmente psicossociológico. A terceira raça-raiz foi a primeira raça em que as almas humanas ocuparam o plano físico como seres completos, do nosso ponto de vista atual. Por isso Clara Codd escreve que o primeiro estágio da família humana corresponde à terceira raça raiz. (N. ed. bras.)

mos também, a maior parte de nós, desenvolvido bem nosso corpo astral, capaz, em muitos casos, de funcionar independente de sua contraparte física, não temos ainda ligadas as duas consciências, de modo que, voltando ao cérebro físico, sejamos capazes de gravar nele memórias vagas e símbolos não interpretados de um mundo mais sutil, quase indescritível.

Alguns de nós desenvolveram também corpos de consciência mental e estamos mesmo aptos a funcionar neles independentemente dos outros dois, ainda que não possamos frequentemente "lembrar" quando da nossa volta ao corpo físico. Mas nossos eus divinos, nosso eus espirituais, permanecem como até então, em sua maior parte, adormecidos, embora a quase todos venham como "percepções de imortalidade", provenientes daquele ponto central do nosso ser.

O Mestre, o Adepto, desenvolveu todos os seus veículos de consciência e é capaz de funcionar por completo em todos eles e, o que é melhor, ele ligou todas essas consciências, podendo assim operar em todas elas simultaneamente, como quiser. Ele não precisa reter um corpo físico, mas alguns membros da Fraternidade assim o fazem, a fim de manter contato conosco neste plano inferior, bem como no interior, e nos ajudar aqui também, tanto quanto permitam as leis do seu mundo. Contudo ele é ainda um homem, sábio, cheio de compaixão e compreensão mas, na aparência, um homem como nós.

Mais de uma vez ouvi Charles Leadbeater descrever suas características gerais. "Suponham", disse-nos ele em certa ocasião, "que um Mestre entre nesta sala, o que é perfeitamente possível, embora não provável. O que vocês veriam? Nada externamente diferente de nós, pois o Mestre é ainda um *homem*. Mas vocês veriam um personagem de uma aparência nobre e esplêndida e que não seria de muito falar. Ele não teria qualquer doença ou deformação, pois de há muito ultrapassou tais reações *kármicas* por ter maior compreensão que nós das leis que regem a saúde". "Penso", continuou C.W.L, "que a maior diferença seria na expressão dos seus olhos". (Alguém certa vez disse que os olhos são as janelas da alma. O desenvolvimento oculto mostra-se nos olhos, bem como no timbre da voz. Annie Besant certa ocasião nos disse que o passado mostra-se em nossa boca e nosso futuro, nos olhos).

"Há três coisas que vocês veriam nos olhos do Mestre", continuou C.W.L., "primeiro vocês veriam um olhar de um desígnio muito elevado, pois o pensamento do Mestre está sempre ocupado com o vasto mundo dos acontecimentos, e nunca pensa em si mesmo. Isso dá aos seus olhos uma expressão distante, luminosa. Vocês veriam também um olhar de grande benevolência, pois o Mestre é essencialmente uma pessoa muito amável. Mas não pensem que Ele seja muito solene e não tenha senso de humor. Ele nunca faria uma brincadeira pouco delicada ou desagradável, embora possa por vezes caçoar gentilmente de um discípulo que se esteja tomando exageradamente a sério". (Lembro-me do que disse uma vez George Arundale: poderíamos não tomar a vida exageradamente a sério, mas poderíamos nos tomar exageradamente a sério.) "Além disso", continuou ele, "vocês veriam um olhar de profunda e imperturbável paz, pois o Mestre sabe muito bem que acabaremos por chegar em casa". (De algum modo até o mais cansado dos rios se dirige com toda segurança para o mar.)

"Ele não duvida em hipótese alguma desse resultado, mas em seu coração compassivo desejaria que chegássemos um pouco mais cedo e não criássemos dificuldade para nós mesmos no caminho."

Há algo de maternal na atitude de um homem perfeito em relação ao mundo. Buda e Cristo usaram o símile de uma galinha com os seus pintos para descrevê-lo. O Bem-Aventurado disse aos seus discípulos: "O Tathagata ansiosamente vigia seus filhos e, com amor, ajuda-os a ver a luz.

Quando uma galinha tem oito, dez ou doze ovos chocados por ela, surge em seu coração o desejo, 'Oh! Que os meus pintinhos rompam a casca do ovo com suas unhas afiadas ou com seus bicos, e venham para a luz em segurança'. No entanto, os pintos certamente quebrarão a casca e virão para a luz em segurança". (*The Gospel of Buddha,* dr. Paul Carus).

Cristo usou a mesma imagem quando lamentou o que adviria em breve a Jerusalém "... Quantas vezes eu quis reunir os teus filhos, como a galinha ajunta os seus pintinhos debaixo das asas, e tu não quiseste!" (*Mateus 23:37*). O Adepto é infinitamente sábio, humano, compassivo, completamente sincero e honesto, obediente à Grande Lei do Universo – a Lei do *Karma* – que é a Vontade Divina em ação e da qual ele é o agente fiel.

Ele é um homem como nós, usando um corpo físico e vivendo uma vida física. Entretanto, nos planos interiores, ele está muito além de nós em desenvolvimento e poder. No corpo físico é onde este desenvolvimento menos se evidencia. Em vários aspectos o corpo é para ele um estorvo e uma limitação. Entretanto, ele o usa em nosso benefício, de outra maneira ele seria livre. No corpo físico, não está isento de, ocasionalmente, cometer um engano, como ele próprio declarou. Para ser mais ou menos infalível, ele exerce seus poderes interiores. "Não somos *'Mahatmas'* infalíveis que tudo preveem em todas as horas do dia, meu amigo; nenhum de vocês aprendeu sequer a lembrar disto." (*C.M.*) E, diz ele, a fim de exercer plenamente seus poderes de Adepto, deve deixar ou parar (isto é, colocar em transe profundo seu corpo físico C.C.).

Ser um homem não prejudica a alta posição do Mestre, como o Mestre K.H. declara: "Não se deixa, meu caro amigo, de ser humano, nem se perde a dignidade por ser um Adepto". (*C.M.*) O Mestre tem, como um homem, predileções e afeições humanas, embora, à medida que ele progride no Caminho Oculto, esse tenda a deixar de ser o caso. Cumpre lembrar que os Mestres estão ainda evoluindo, e de modo algum atingiram o limite de desenvolvimento possível neste *Manvantara*. O nível *Aseka*, o grau de Adepto, é seguido por outros estágios mais elevados. O estágio seguinte ao do Adeptado é a Iniciação de *Chohan*, ou Senhor. Em alguns casos, Senhor ou Dirigente de um dos "Raios", ou linhas de evolução na natureza.

Há uma admirável carta do Mestre M., escrita a Alfred Sinnett, no lugar de seu Irmão K.H., enquanto este estava afastado recebendo a Iniciação de *Chohan*. Esta carta, da qual extraí várias citações, é muito bela e mostra claramente os profundos e ternos laços de afeição que ligam as almas do dois Adeptos, principais responsáveis pela inspiração da formação da Sociedade Teosófica.

O Mestre M. não gosta de escrever cartas, nem o seu inglês é muito bom, mas quando seu amado Irmão – "meu abençoado Irmão" – como ele frequentemente o chama – estava para fazer um retiro de três meses, durante o qual atingiria o grau de *Chohan*, pediu a seu Irmão M. que cuidasse de sua correspondência enquanto estivesse afastado. Mestre M. escreveu: "Quando seu 'retiro' estava decidido, ao partir, pediu-me: 'Pode tomar conta de meu trabalho, cuidando para que não caia em ruínas?' Eu prometi. O que eu não lhe prometeria naquela hora? Em certo ponto, que não deve ser mencionado a estranhos, há um abismo transponível por uma ponte frágil de gramíneas entrelaçadas e com uma torrente violenta em baixo. O mais valente dos membros de seu Clube Alpino dificilmente se atreveria a transpor a passagem, pois a ponte oscila como uma teia de aranha, *parecendo* que irá romper-se e que é intransponível, porém não é; e aquele que se aventura e consegue atravessá-la – o que fará se tiver direito e se lhe for permitido – chega a um desfiladeiro de insuperável beleza de paisagem – para alguém de *nossos* lugares e de *nosso* povo, do qual não há registro ou pesquisa entre os geógrafos europeus. Ao alcance do arremesso de uma pedra do velho monastério fica a velha torre de cujo seio nasceram gerações de *Bodhisattvas*. É aí que agora descansa sem vida seu amigo – meu irmão, a luz de minha alma...". (*C.M.*) A profundidade desse amor sagrado do Mestre M. por seu Irmão K. H. é evidente em outras palavras que escreveu a Alfred Sinnett. "Eu não permitiria que nem o vento do deserto ouvisse uma palavra murmurada em voz baixa contra aquele que agora dorme." (*C.M.*)

O poder do amor de um Mestre é infinitamente mais puro, mais generoso e menos possessivo que o nosso. O Mestre K. H. escreveu: "Enquanto as facilidades de observação asseguradas a alguns de nós por nossa condição, certamente nos dão maior amplitude de visão, fazendo com que espalhemos humanidade mais nítida e imparcialmente... para todos os seres humanos como para todos os seres vivos, em vez de concentrarmos e limitarmos nosso afeto a uma raça predileta – entretanto uns poucos de nós... conseguiram até agora se livrar da influência de nossas conexões terrenas, a ponto de não serem suscetíveis, em vários graus, aos prazeres, às emoções e aos interesses mais elevados do comum da humanidade. Até que a emancipação final reabsorva o Ego, ele *deve* estar consciente das mais puras simpatias despertadas pelos efeitos estéticos da arte elevada, e suas cordas mais suaves respondem ao chamado das ligações *humanas* mais santas e nobres. É claro que, quanto maior for o progresso para a libertação, menor será esse o caso, até que, como coroação final, os sentimentos humanos e puramente individuais – laços de sangue e amizade, patriotismo e predileções raciais – todos serão abandonados, tornando-se fundidos em um sentimento universal, o único verdadeiro e santo, o único sem egoísmo e Eterno – Amor, um Imenso Amor pela humanidade – como um *Todo*!". (*C.M.*)

Nessa mesma carta o Mestre continua: "Sinto-me atraído por *algumas* pessoas mais do que por outras, e a filantropia....nunca matou em mim quer preferências individuais de amizade, afeto – por meu parente próximo – quer o sentimento de patriotismo pelo país – em que fui por último materialmente individualizado". (Índia, C. C.) (*C.M.*)

O Mestre é assim um esplêndido ser humano, com delicadas reações a todo encanto interno e externo. Como em certa ocasião ouvi C.W.L. dizer: "eles são, no verdadeiro sentido da palavra, os maiores cavalheiros que existem. Podemos tê-los como Irmãos mais velhos queridos e admiráveis. Como frequentemente acontece que irmãos mais moços venerem como heróis um mais velho, podemos, assim, confiar inteiramente em nossos Irmãos Mais Velhos. Eles são absolutamente confiáveis, por sua impessoalidade, a qual o Mestre D. K. disse ser perfeito amor, sua compreensão, sua compaixão e paciência, sua fidelidade às leis de seu mundo – "suas leis são imutáveis; e ninguém pode contrariar uma ordem, uma vez emitida" (*C.M.*) e a sua palavra dada: "Não me atrevo a prometer, pois nunca falto com a minha palavra." (*C.M.*) E o seu senso de gratidão: "A Ingratidão não está entre nossos vícios." (*C.M.*) E sua honestidade e sinceridade. São, assim, tão verdadeiros e *reais* que apreciam a mesma qualidade nos homens, quando a encontram, quando há honestidade sincera e bondosa, e não uma máscara de amargura pessoal.

O Mestre diz a A. Sinnett que aquilo que ele – Sinnett – escreve é "o som da franqueza honesta". (*C.M.*) Na famosa carta a C. W. L. recomenda-lhe o Mestre que seja "honesto e generoso". Eu não penso que o Mestre se importa nem mesmo com uma falta de reverência, se a reverência não for natural. O Mestre M. escreve: "A reverência pode não ser natural nele, e de qualquer maneira, ninguém espera ou dá importância a isso!". (*C.M.*) E, mais uma vez, o Mestre M. falando de um trabalhador destacado dos primeiros dias, diz que seu Superior "gosta menos do que nós de qualquer expressão externa, ou mesmo interna, de desrespeito aos *'Mahatmas'*. Que ela cumpra seu dever com a Sociedade, seja sincera com seus princípios, e todo o resto virá no devido tempo". (*C.M.*)

O Mestre K. H., embora profundamente tocado pelo que ele chama de tendência à "veneração a heróis" que se mostrava em Sinnett, escreve: "se você continuar seus estudos ocultos... aprenda a ser leal à ideia, em vez de ao meu pobre eu". (*C.M.*) A lealdade do Mestre é invencível. Uma vez que um discípulo é aceito, o Mestre nunca o esquecerá ou o perderá de vista, mesmo que ele possa vagar por muitas vidas. "Permanecerei sempre *seu verdadeiro amigo*, ainda que você venha a se virar contra mim um dia desses", escreve o Mestre M. a Sinnett. (*C.M.*)

Junto com essas brilhantes características encontra-se também uma bela humildade. "Meu pobre eu", escreve Mestre K. H., e ele frequentemente encerra uma carta com alguma coisa assim: "Aceite minhas pobres bênçãos".

Que nobreza e que correção nesses homens! Quem quer que possa figurar um pouco daquilo que eles são, não pode deixar de sentir alegria, reverência e confiança. Neles vemos o futuro prometido da raça. Todos devem finalmente se sentir felizes, visto que são esses os guias. Annie Besant escreveu um curto e expressivo parágrafo sobre o que quer dizer amar um Mestre. Podemos todos amá-lo, desde que seja um amor que nada pede em troca. Ele ama cada um de nós muito melhor do que podemos amá-lo. Uma velha Escritura hindu diz-nos que o Mestre ama todos os filhos do homem mais do que as mães amam seus primogênitos, um símile admirável, originário de uma terra em que se exalta a maternidade. Nas palavras das Escrituras cristãs: "Nós o amamos porque ele nos amou primeiro". (*João I, 4:19*). Aqui estão as palavras de Annie Besant.

Nesse relacionamento, mais familiar para alguns de nós, como o relacionamento entre o discípulo e o Mestre, há algo que parece ligar em uma cadeia de ouro ou num cordão de amor todos os diversos afetos que, por muitas e muitas vidas, se agruparam em nossos corações em relação àqueles com quem estivemos intimamente ligados, como pai, mãe, irmão, irmã, marido, esposa, amigo.

"Se você pudesse fundir todo esse conjunto em um amor que venera o pai, que vibra e sente a doce ternura da mãe, que tem o companheirismo do irmão e da irmã, o laço profundo do amigo; se você pudesse fundir todos esses num grande cordão de amor e multiplicá-los mil vezes, então você saberia algo do amor que liga o Mestre e seu discípulo. Todo amor da Terra tornado perfeito, puro, forte e belo, nada faltando, nunca faltando fé, força, ternura, ajuda, compaixão, energia que enleva, o único laço perfeito do qual todos os laços da Terra não passam de reflexos, esta é a única luz perfeita de amor que o Mestre tem para com seu discípulo quando o contempla. E se você pode fundir todos esses amores separados olhando para cima, poderá ter uma ideia do que significa o amor que se tem por um Mestre."

Robert Browning diz, em um dos seus textos, que em todos os amores da Terra "Tu estavas lá".

CAPÍTULO 5

Seu Conhecimento e Poderes Internos

É nos mundos interiores e mais sutis que o Mestre é o Adepto. Esses mundos estão todos abertos para ele, e suas forças sutis estão sob seu comando. Ele completou aquilo que está descrito em *A Voz do Silêncio:* "Ajude a natureza e trabalhe com ela, e ela o tomará como um dos seus criadores, prestando-lhe obediência e abrindo-lhe as portas de seu seio puro e virginal. Não manchada pela mão da matéria, ela mostra seus tesouros somente aos olhos do Espírito, olhos que nunca se fecham, olhos para os quais não há véus em todos os seus reinos". O Mestre K. H. escreve: "Nós apenas seguimos e copiamos humildemente a natureza em seus trabalhos." (*C.M.*)

Entretanto, não há nisso nada de sobrenatural. Todos os conhecimentos e poderes do Adepto são perfeitamente naturais, e a semente do Adeptado é inerente e latente em todos os homens. "Trabalhamos por meios e leis naturais e não sobrenaturais." (*C.M.*) Todos esses meios são "os poderes divinos do homem e as possibilidades contidas na natureza". (*C.M.*)

Chegamos agora ao assunto Ocultismo e no que ele consiste. Não é o que H.P.B. chama as "artes ocultas", tais como astrologia, numerologia, quiromancia, etc., nem mesmo clarividência não treinada, tal como está hoje se tornando progressivamente comum, como sempre foi nas raças primitivas e nos camponeses rudes, e possuída até mesmo por animais. A diferença está bem descrita em *A Voz do Silêncio:* "Estas instruções são para aqueles que ignoram os perigos dos *Iddhis* inferiores". H.P.B. comenta então: "A palavra páli *Iddhi* é o equivalente da palavra sânscrita *Siddhis*, ou faculdades psíquicas, os poderes anormais no homem. Há duas espécies de *Siddhis* – um grupo abrange as energias inferiores, rudimentares, psíquicas e mentais, enquanto outros requerem o mais elevado adestramento de poderes espirituais." Estes poderes espirituais estão relacionados e descritos na terceira parte dos *Aforismos da Yoga de Patañjali*[*], cujo estudo explicará muitos acontecimentos, aparentemente miraculosos, nos primeiros tempos da Sociedade Teosófica. O psiquismo inferior é esporádico, incerto e não está sob o controle da inteligência e da vontade. O progressivo crescimento e desenvolvimento da natureza mental geralmente o interrompe. Os atlantes tinham poderes astrais deste tipo primitivo. A raça ariana, desenvolvendo principalmente a atividade mental, perdeu muito dessa sensibilidade astral primitiva. Os poderes psíquicos superiores são mais confiáveis e controláveis, por serem iluminados pelo Eu divino impessoal. As visões da clarividência inferior são frequentemente distorcidas e deformadas pelas inclinações pessoais e idiossincrasias do vidente, bem como pelos pensamentos daqueles que o rodeiam.

Lembro-me de C. W. L. descrevendo-me, em certa ocasião, como o Mestre tinha adestrado sua clarividência. O Mestre deu-lhe uma meditação especial que rapidamente lhe abriu a sensibilidade psíquica nascente. Perguntei-lhe então porque ele não ensinava isso aos seus alunos especiais, e ele me respondeu: "Porque prometi ao Mestre que nunca o faria".

---

[*] Publicados no Brasil sob o título de *A Ciência do Yoga,* Editora Teosófica, na versão de I.K. Taimmi, e sob o título *Yoga – A Arte da Integração*, Ed. Teosófica, 1995, na versão de Rohit Mehta. (N. ed. bras.)

Algumas vezes, o Mestre K. H. vinha e, em outras, o Mestre D. K. Eles lhe pediam que descrevesse o que via. "Oh não!", o Mestre dizia. "Olhe mais no fundo, desencoraje o fator pessoal". Pois o mais leve preconceito ou propensão do vidente, mesmo que inconsciente, deformará e desviará o que ele vê. Por isso a *verdadeira* visão somente é possível àqueles que estão despertos e unificados com o princípio divino em seu interior.

O Mestre escreve a Sinnett: "Você estará certo ao relacionar o 'Real Conhecimento' e a 'Verdadeira Causa' do verso citado com o plano mais elevado de iluminação espiritual; 'a maior escuridão', na qual o perfeito *Siddha* finalmente submerge é, portanto, aquela *Absoluta Escuridão* que constitui a *Absoluta Luz.* O verdadeiro Conhecimento aqui mencionado não é um estado mental, mas espiritual, implicando na completa união entre o Conhecedor e o Conhecido." (*C.M.*) O conhecimento humano é uma questão a ser examinada; o verdadeiro conhecimento é obtido pela união direta e completa do conhecedor com o conhecido; por isso, pelo completo contato interior e reação. Mais uma vez o Mestre escreve: "O reconhecimento dos níveis mais elevados do ser humano neste planeta não é atingido pela mera aquisição de conhecimento. Nem enormes quantidades do mais perfeito acúmulo de informação podem revelar ao homem a vida nas regiões mais elevadas. Deve-se obter conhecimento dos fatos espirituais por experiência pessoal e verdadeira observação...." (*C.M.*).

E os poderes devem ser adquiridos pelo desenvolvimento pessoal e pela transcendência. A ninguém eles podem ser "dados". "A regra férrea é que qualquer poder que alguém obtenha só pode ser *alcançado pelo seu próprio esforço.*" (*C.M.*) E eles só podem ser adquiridos pela mente e pelo coração purificados, desenvolvidos e controlados. "É sobre a superfície serena e plácida da mente tranquila que as visões reunidas do invisível encontram uma representação no mundo visível...estes relâmpagos de luz repentina que já ajudaram a resolver tantos problemas pequenos e que, somente eles, podem colocar a verdade diante dos olhos da alma." (*C.M.*)

O Ocultismo é chamado no Oriente místico *Gupta Vidya*, o Conhecimento Secreto. Não é secreto no sentido de ser propositadamente escondido, mas pela mesma razão que o cálculo diferencial é oculto ou escondido para aquele que está aprendendo a tabuada de multiplicação. Não é um corpo de conhecimento que possa ser comunicado pela palavra oral ou escrita. Nasce em um homem proporcionalmente ao seu crescimento e pelo poder de boa resposta a toda a vida. Pois esta é a ciência da *vida*, não somente a ciência da corporificação material da vida, e se torna posse do vidente à medida que possa alcançar e responder aos níveis mais e mais sutis do seu próprio ser. H.P.B. muito bem o definiu numa velha edição da revista *Lúcifer:* "Ocultismo não é magia, embora a magia seja um dos seus instrumentos. Ocultismo não é a aquisição de poderes, sejam psíquicos ou intelectuais, embora ambos sejam seus servidores. Nem é a procura da felicidade como o homem compreende a palavra; pois o primeiro passo é o sacrifício, o segundo é a renúncia". Em seguida ela nos diz o que realmente é: "Ocultismo é a ciência da vida, a arte de viver".

É certamente a verdade sobre a natureza, a constituição e as leis de desenvolvimento de tudo que existe em nosso sistema solar e além dele. O Ocultismo mostra o que somos, por que estamos aqui, para onde vamos e, consequentemente, o que deveríamos fazer; daí não somente sua importância espiritual, mas também seu valor prático para todos os homens. Escreve o Mestre K. H.: "As verdades e os mistérios do Ocultismo constituem, certamente, um corpo da mais elevada importância espiritual, ao mesmo tempo profundo e prático para o mundo em geral..., pois essas ideias tocam em assuntos da maior importância. Não são os fenômenos físicos, mas as ideias universais que estudamos, pois antes de compreender aqueles temos de compreender estas. Elas tratam da verdadeira posição do homem no Universo, em relação aos seus nascimentos passados e futuros; sua origem e seu destino básico; a relação entre o mortal e o imortal, entre o temporário e o eterno; entre o finito e o infinito; ideias maiores, de mais alcance, mais abrangentes, reconhecendo o reino universal da Lei Imutável, inalterada e inalterável, em relação à qual há somente um ETERNO AGORA, enquanto para os mortais não iniciados o tempo é passado ou futuro, como relacionado à sua existência finita nesta partícula de poeira material. Isso é o que estudamos e o que muitos tornaram claro." (*C.M.*) E sobre esta faculdade de saber, diz o Mestre: "Até um certo ponto... pode ser adquirida pelos europeus através do estudo e da meditação...." (*C.M.*).

Não é demais enfatizar que o conhecimento oculto nunca é comunicado pela palavra escrita ou falada, ou por uma série de lições. Valiosos e inspiradores ensinamentos e conselhos podem ser dados dessa maneira, mas não a verdadeira *Gupta Vidya*. Esta é dada à alma quando afastada do corpo, de noite, ou via *Antahkarana,* o elo – uma vez que esteja suficientemente formado – entre a alma e sua contraparte divina. Há uma certa parte do plano astral onde alguns desses ensinamentos são mais facilmente comunicados à alma, temporariamente livre do corpo, denominada em *Luz no Caminho* como a Sala do Aprendizado. A mais comum das "lembranças" no cérebro físico é a de um vasto templo grego com degraus baixos, enquanto no interior parece haver salas cujas paredes estão emitindo luz violeta, na qual desenhos, palavras e símbolos aparecem e desaparecem.

O Conhecimento Secreto é do Adepto porque ele cresceu para isso. O Mestre escreve: "O Adepto é a rara florescência de uma geração de buscadores; e ele, para chegar a ser um Adepto, aquele que busca, deve obedecer ao impulso interior da sua alma independentemente das considerações prudentes da ciência ou da sagacidade mundanas." (*C.M.*) Notem a ênfase dada à Inteligência e à Vontade. Inteligência não é intelecto. Um intelectual pode ser apenas um acumulador e organizador de dados. A Inteligência é uma qualidade espiritual, a aptidão de captar e ver o essencial subjacente. A inteligência culmina no que é chamado intuição, o poder de conhecer nosso Eu divino, quando a ponte entre esse Eu e sua corporificação temporária for construída e transposta. Esse aspecto da aspiração acima de *Manas,* ou mente, é descrito por H.P.B. como "*Manas* purificado do egotismo". Isto está muito bem expresso em *Luz no Caminho:* "Cada homem é para si o caminho, a verdade e a vida. Mas ele só consegue isso quando controla firmemente toda a sua individualidade, e pela força de vontade espiritual desperta, reconhece esta individualidade como não sendo ele mesmo, mas algo que, a duras penas, ele criou para seu próprio uso, e por meio do qual se propõe, à medida que lentamente desenvolve sua inteligência, a atingir a vida acima da individualidade".

Esta última passagem é muito significativa. O caminho, a verdade e a vida são a divindade, o espírito no interior. O Caminho é também chamado *Antahkarana*, o caminho que está entre a alma e o Espírito, *Manas* aspirando chegar ao seu Eu Superior. Por essa razão H.P.B. aconselhava os seus estudantes a "juntar os quatro princípios inferiores e colocá-los em um estado mais elevado. Eles deveriam centrar-se nesse mais elevado, tentando não permitir que o corpo e o intelecto os trouxessem para baixo e os levassem embora... vivendo sempre em seu ideal. O despertar da vontade espiritual é descrito por Patañjali quando escreve "O uso correto da vontade é o firme esforço para permanecer no ser espiritual". (*Livro I, Aforismo 13*).

Assim a verdade, a sabedoria, a compreensão de todas as coisas são a propriedade de nosso eu mais divino, e residem no interior; não podem ser dadas nem outorgadas, não podem ser expressas em palavras. "Uma vez definido um ideal em palavras, ele perde sua realidade; uma vez que você figura uma ideia metafísica, você materializa seu espírito. As figuras somente podem ser usadas como escadas para galgar as muralhas. As escadas podem ser abandonadas, uma vez atingido o topo." (*D.S.,* vol. III). Diz H.P.B.: "O verdadeiro conhecimento é do Espírito, tão somente do Espírito, e não pode ser adquirido de outro modo, exceto através da região da mente superior, o único plano pelo qual podemos penetrar nas profundidades do Absoluto que tudo penetra". (*D.S.,* vol. III). Esta é a Ciência Secreta, que não é captada pela mente do homem, mas por sua natureza espiritual, desperta, que vai além da mente. A mente apenas, não iluminada pelo espírito, é "a grande assassina do Real". Escreve um Adepto: "O intelecto não é por si mesmo o Todo-Poderoso, para vir a 'mover montanhas' ele tem primeiro que receber vida e luz do princípio Superior – o Espírito." (*C.M.*) Respondendo a um interlocutor, o Mestre escreve que ele "é mais um exemplo da facilidade com que, mesmo um intelecto superior, pode se enganar em assuntos ocultos por *Maya* (fascinação, C. C.) de sua própria criação". (*C.M.*)

"É o casamento de *Nous* (*Atma-Buddhi*) com *Manas*, a união pela qual Vontade e Pensamento tornam-se um e são dotados de poderes divinos". (*D.S.,* vol. III) Um desses poderes divinos é chamado em sânscrito *Kriyashakti*, o poder combinado de pensamento e vontade. Diz H.P.B: "O primeiro passo para a realização de *Kriyashakti* é o uso da Imaginação. Imaginar uma coisa é criar firmemente um modelo do que você deseja, perfeito em todos os seus detalhes. A vontade é então posta em ação, e a forma é, assim, transferida para o mundo objetivo". (*D.S.,* vol. III). Isto é *Kriyashakti;* "o poder de produzir formas no plano objetivo através da potência da Ideação e da Vontade, a partir da Matéria invisível, indestrutível". (*D.S.,* vol. III). Usando esse poder, H.P.B. produziu muitos de seus fenômenos físicos, tais como a criação de uma décima terceira xícara e pires num piquenique. Eu mesma vi fenômenos semelhantes por iogues hindus. Algumas pessoas dirão que são sobrenaturais, mas diz H.P.B: "Nós ocultistas não acreditamos em fenômenos sobrenaturais, e os Mestres riem da palavra 'milagre'... A fonte e base disso está no Espírito e no Pensamento, quer no puramente divino, quer no plano terrestre". (*D.S.,* vol. III) E o Mestre K. H. diz em uma carta: "Para vir a ser um perfeito adepto ele leva longos anos, mas finalmente vem a ser o mestre. As coisas ocultas tornaram-se claras, mistérios e milagres desapareceram de sua vista para sempre. Ele sabe como guiar a força nesta ou naquela direção – para produzir os efeitos desejados". (*C.M.*)

O Mestre é capaz de ver, se quiser, o que está acontecendo em qualquer parte do mundo, ou através de seus discípulos, ou independentemente. Ele sugere ironicamente que Sinnett "tente produzir, ante seus olhos, todo o espectro solar decomposto em quatorze cores prismáticas (sendo sete complementares), porque é só com o auxílio dessa luz oculta que você pode me ver de uma distância como eu o vejo". (*C.M.*) E o Mestre M. escreve: " Tenho agora à minha frente o quadro completo do cérebro de F., naquele momento". (*C.M.*) O Mestre K. H. escreve: "a seguinte conversa foi ouvida por mim", e ele fala também de ter "captado um vislumbre da situação na cabeça de Olcott, quando lia a carta de C.C.M.". Ele pode olhar também para qualquer lugar, usando seu corpo sutil que para nós é invisível. E afirma que assim visitou diversas vezes as reuniões da Sociedade.

Ele pode fazer, se necessário, com que sua voz seja ouvida, embora esteja afastado milhares de quilômetros. E quase todas as suas cartas foram "precipitadas". "Tenha em mente", escreve ele a Sinnett, "que essas minhas cartas não são escritas, mas *impressas* ou precipitadas, e então corrigidos todos os erros." (*C.M.*) "Tenho que *pensar* bem, para fotografar cada palavra, cada sentença, em meu cérebro, antes que possa ser repetida por precipitação (*C.M.*) e meu fiel 'deserdado' (*D.K.*) tem apenas que copiar meus pensamentos, cometendo somente erros ocasionais...".

"Devo dar-lhe algumas explicações sobre *precipitação*. As recentes experiências da Sociedade de Pesquisas Psíquicas irão lhe ajudar muito a compreender a base lógica dessa "telegrafia mental"..., – profunda concentração no operador, e passividade receptiva completa no leitor-sujeito. Acontecendo uma perturbação de quaisquer das condições, o resultado é proporcionalmente imperfeito. O 'leitor' não vê a imagem como no cérebro do 'telégrafo', mas como surgiu no seu próprio cérebro. Quando o pensamento deste último vaga, a corrente psíquica se interrompe e a comunicação torna-se desconexa e incoerente". (*C.M.*) H.P.B. disse a Sinnett que, exceto umas poucas frases sublimes, nenhuma das cartas dos Mestres que ele recebera fora escrita por suas próprias mãos.

Ela explicou a Charles Johnston, quando ele a encontrou pela primeira vez em Londres, a base racional da precipitação das cartas. "Você fez alguma vez experiência com transmissão de pensamento? Se fez, deve ter notado que a pessoa que recebe a imagem mental frequentemente a colore ou mesmo a altera ligeiramente, com seu próprio pensamento, e é aí que tem lugar a genuína transmissão de pensamento. Bem, isso é parecido com o que acontece com as cartas precipitadas. Um de nossos Mestres, que talvez não saiba inglês, e naturalmente não tem a caligrafia inglesa, deseja precipitar uma carta em resposta a uma pergunta que lhe fora feita mentalmente. Digamos que ele esteja no Tibete, enquanto eu estou em Madras ou Londres. Ele possui o pensamento-resposta em sua mente, mas não em palavras inglesas. Ele tem que, primeiramente, imprimir esse pensamento em meu cérebro, ou no cérebro de alguém que saiba inglês, e então tomar as palavras que surgem naquele outro cérebro para responder ao pensamento. Ele deve então formar um quadro mental das palavras escritas, gravando em meu cérebro, ou no de quem quer que seja, para dar forma. Então, ou por meu intermédio ou de algum chela com quem esteja ligado magneticamente, ele precipita essas formas-pensamento no papel, primeiro transmitindo as formas para a mente do chela, e depois dirigindo-as para o papel, usando a força magnética do chela para imprimir e juntar o material preto, azul ou vermelho, conforme o caso, da luz astral... Ele pode assim escolher cores de pigmentos para marcar a figura na letra, usando a força magnética do chela para imprimi-las e guiando o conjunto por sua própria força magnética bem maior, uma corrente de vontade poderosa... Deve-se ser clarividente para ver e guiar as correntes*. Mas este é o ponto; suponha a carta precipitada por meu intermédio; a carta mostraria naturalmente alguns traços de minhas expressões e mesmo de minha caligrafia, mas, de qualquer modo, seria um fenômeno oculto perfeitamente genuíno e uma verdadeira mensagem do *Mahatma.*" (*Collected Writings,* H.P. Blavatsky, vol. VIII, 397-8).

O Adepto pode também se tornar fisicamente visível se desejar, mas, como ele diz, isso implica um considerável dispêndio de energia interior. Sinnett estava muito ansioso para que o Mestre lhe aparecesse, e o Mestre escreveu: "Se você tivesse visões todas as noites, logo deixaria de dar-lhes qualquer valor". Mas há uma razão poderosa para que você não seja satisfeito – isto seria um desperdício da nossa força. Tão frequentemente quanto eu, ou qualquer um de nós, possa se comunicar com você seja por sonhos, impressões de vigília, carta, ou visita em forma astral, isso será feito. (*C.M.*)

Mas o Mestre adverte Sinnett de que ele poderia não gostar do que veria: "Meu bom Irmão, tem certeza de que a impressão agradável que você possa ter tido de nossa correspondência não seria instantaneamente destruída ao me ver?" (*C.M.*). Lembro-me de Annie Besant falando-nos, em certa ocasião, sobre este assunto. Disse-nos que não estava muito certa de que muitos de nós gostariam, se vissem um Adepto em seu corpo físico, pois eles eram pessoas muito individuais, com características idiossincráticas muito próprias. De qualquer modo, um Mestre não se mostra frequentemente, exceto aos seus discípulos iniciados: "A menos que ele tenha atingido esse ponto em seu caminho do Ocultismo do qual é

---

* Correntes magnéticas e astrais que fluem permanentemente no mundo sutil. (N. ed. bras.)

impossível a volta, tendo-se dedicado irrevogavelmente a nossa associação, nós nunca, exceto em casos de máxima emergência, o visitaríamos, ou mesmo cruzaríamos o limiar de sua porta em aparência visível". (*C.M.*)

Conheci apenas cinco pessoas que viram os Adeptos em seus corpos físicos; o coronel Olcott, Leddbeater, e três outras, sendo uma a enfermeira que atendia o coronel em sua derradeira enfermidade, e que estava presente quando três deles visitaram o coronel agonizante. Contou-me ela mesma quando estive em Adyar pela primeira vez. Por razões próprias, eles algumas vezes fazem isto, aparecendo em seu próprio corpo, como na ocasião em que o coronel encontrou o Mestre K.H., quando de sua visita ao Templo *Sikh,* em Cachemira, ou em forma temporariamente materializada, como aconteceu quando o Mestre M. apareceu ao coronel em Nova Iorque. Talvez esse tenha sido o caso, quando H.P.B. e o coronel estavam passando na Oxford *Street*, em Londres, e ela puxou sua manga e pediu-lhe que olhasse para o outro lado da rua, o Mestre K. H. estava andando.

Um corpo físico, como já disse antes, é mais ou menos um estorvo para um Adepto e, certamente, enquanto está usando-o, seus poderes são limitados. Diz-nos H.P.B. que "o mais elevado Adepto, colocado em um novo corpo, tem que lutar contra ele e subjugá-lo, e encontra dificuldade nesse domínio". (*D.S.,* vol. III) Um Adepto pode conservar um corpo por um longo tempo, sem qualquer sinal de velhice ou doença, mas quando ele tem de adquirir um inteiramente novo, tem de passar nele, mais uma vez, por todos os estágios do caminho oculto, para afiná-lo. "Dotes mentais ou intelectuais e conhecimento abstrato seguem um Iniciado em seu novo nascimento, mas ele tem de adquirir poderes fenomênicos, mais uma vez atravessando todos os estágios sucessivos." (*D.S.,* vol. III). Novamente diz H.P.B.: "Quando o Ego toma toda a Luz de *Buddhi*, ele toma a de *Atma*, sendo *Buddhi* o veículo, e assim os três tornam-se um. Feito isso, o Adepto *completo* é um espiritualmente, mas tem um corpo...

Os corpos dos Mestres são, no que lhes diz respeito, ilusórios e, assim, não envelhecem, nem se tornam enrugados, etc". (*D.S.,* vol. III) O Mestre frequentemente fala do corpo físico como a "sombra".

O Mestre K.H. escreve: "O *Tchang-chub* (um Adepto que, pelo poder de seu conhecimento e iluminação de sua alma tornou-se isento da maldição da transmigração inconsciente) – pode, por sua vontade e desejo, em vez de reencarnar somente depois da morte, fazê-lo repetidamente durante sua vida, se assim lhe aprouver. Ele tem o poder de escolher para si mesmo novos corpos – neste ou em outro planeta – enquanto na posse de sua antiga forma, que ele preserva para suas próprias finalidades". (*C.M.*)

H.P.B. também escreve em *A Doutrina Secreta,* vol. III, que "O Adepto branco não é sempre dotado, no princípio, de poderoso intelecto... É a pureza do Adepto, seu amor igual para todos, seu trabalho com a natureza, com o *karma*, com o seu 'Deus Interior', que lhe dá seu poder. O intelecto só por si mesmo produzirá o Mago Negro. Pois o intelecto isolado é acompanhado por orgulho e egoísmo; é a *soma* do intelecto com o espiritual que faz o homem. Pois a espiritualidade evita o orgulho e a vaidade".

A habilidade do Adepto para criar réplicas físicas de si próprio explica, penso, aquelas aparições misteriosas, segundo relatos de todas as frentes de batalha, durante a primeira Guerra Mundial, do "Camarada de Branco". Eu pessoalmente encontrei dois soldados que o tinham visto e contactado, e eles me contaram circunstancialmente a mesma história. A melhor descrição de um Adepto no corpo físico está no livro *How Theosophy Came to Me,* de Charles Leadbeater.

Ele pode também trabalhar através dos veículos de seus discípulos aceitos, de maneira muito íntima e particular. O discípulo aceito tem seus veículos ligados com os do seu Mestre, de maneira muito íntima. Diz-se frequentemente que um discípulo é um posto avançado da consciência do Mestre. Podemos também dizer que é uma extensão do sistema nervoso do Mestre. Em nosso sistema nervoso temos dois sistemas de nervos; um que nos traz impressões do exterior, pelos nervos sensoriais. Destas impressões sensoriais formamos nossos conceitos mentais. Através do outro grupo os nervos motores agem sobre o que nos cerca. Através dos nervos sensoriais do discípulo o Mestre pode observar não somente pessoas e objetos dentro da própria consciência do discípulo, mas também num campo bem mais amplo do que o mais jovem na vida oculta é capaz de fazer por si mesmo. E não somente num campo mais amplo, mas também infinitamente mais profundo, como se fora um telescópio celestial e uma lente de aumento. Isso é no lado receptivo. O chela pode ou não perceber que isso está se passando. No lado ativo o Mestre pode irradiar, através dos veículos de seu discípulo, muitas influências de ajuda e força, numa área bem mais ampla do que o discípulo possa perceber.

Mas não pensemos que o discípulo fica inerte e deixa que o Mestre aja como achar melhor por seu intermédio. O Mestre não pode fazer isso. Annie Besant falou-nos a este respeito. Ela disse que o Adepto não pode irradiar qualquer coisa que lhe aprouver através de seu discípulo. O que ele pode fazer é aumentar enormemente aquilo a que o *próprio* discípulo deu origem. E por essa razão ele ocupa diferentes discípulos para diferentes finalidades, usando o que eles têm e o que *podem* irradiar, ignorando aquilo que não têm. Assim, um discípulo pode ter naturalmente grande coragem. O Mestre aumentará muito isso para inspirar e estimular outras pessoas próximas do discípulo. Um outro pode ser um foco brilhante de compaixão. O Mestre o usará para confortar e consolar muitas almas cansadas. Um ponto a ser observado aqui, é que esse contato com a humanidade, da parte do chela, é valioso para o Mestre. Disse-nos Annie Besant que, de dois homens razoavelmente aptos para o discipulado, um em contato com muitas pessoas, o outro isolado, o Mestre escolheria o primeiro.

O Mestre K.H. colocou a questão com palavras diferentes. "Entre Adepto e chela – Mestre e discípulo – formam-se, aos poucos, laços mais próximos; pois o intercâmbio psíquico é regulado cientificamente... Como a água num tanque cheio corre para um tanque vazio que com ele esteja ligado; e assim como o nível comum será, mais cedo ou mais tarde, atingido, de acordo com a capacidade do canal de alimentação, assim o conhecimento do Adepto flui para o chela; e o chela atinge o nível do Adepto, de acordo com sua capacidade receptiva. Ao mesmo tempo, sendo o chela um indivíduo, uma evolução separada, insconscientemente transmite ao Mestre a qualidade de sua mentalidade acumulada. O Mestre absorve *seu* conhecimento e, se é uma questão de linguagem que ele [o Adepto] não conheça, o Mestre adquirirá os acúmulos linguísticos do chela exatamente como são – expressões idiomáticas e tudo o mais – a menos que ele se encarregue de trocar e remodelar as frases quando usá-las."*

Posso dar um exemplo dessa relação entre Mestre e discípulo. Um dia, em Manor, Sydney, Austrália, Leadbeater descreveu algo incomum que ele observara na aura de um rapaz, seu aluno, que era também um discípulo aceito. Ao investigar o assunto, ele verificou que o Mestre estava usando os veículos do rapaz para dirigir e guiar um homem perdido na floresta em Queensland, para trazê-lo em segurança. É fácil alguém perder-se na mata australiana, a natureza lá é um tanto inimiga do homem civilizado.

Qualquer preconceito mesquinho inibirá o Mestre de usar seu discípulo, pelo menos a esse respeito. Certa noite um Mestre estava falando sobre isso a seu discípulo. Ele mencionou, como exemplo, um discípulo hindu que tinha uma opinião arraigada sobre a suposta inferioridade da mulher. O Mestre enviou-lhe um pensamento apreciativo sobre o sexo femi-

---

* *Cartas dos Mestres de Sabedoria*, C. Jinarajadasa, Editora Teosófica, Brasília, 1996. Ver Carta 30 da Primeira Série. (N. ed. bras.)

nino. O pensamento voltou como um bumerangue, impossibilitado de encontrar receptividade. O Mestre sorriu.

Seu conhecimento das pessoas se estende por uma vasta área. Em certa ocasião, nossos dirigentes estavam considerando a quem pediriam para fazer um certo trabalho. "Dê ao fulano", um membro desconhecido em quem nunca tinham pensado, disse a voz do Mestre M. O trabalho foi dado à pessoa indicada que o fez esplendidamente. "Isto eu lhes falo", disse Annie Besant, "para lhes mostrar que o Mestre realmente os conhece a todos e a cada um".

Os Adeptos trabalham infinitamente mais nos planos interiores do que nos planos exteriores. As energias dos sucessivos planos interiores são tremendamente maiores em efeito do que as do plano físico. Eles lidam extensamente com as *causas* e deixam os efeitos para a ação da Lei *Kármica*, "as esferas intermediárias, não sendo senão as sombras projetadas dos Mundos das Causas..." (*C.M.*). Ele chama a ciência sagrada "predominantemente a ciência dos efeitos por suas causas e das causas por seus efeitos..." (*C.M.*). Com este conhecimento o Adepto pode, eventualmente, profetizar. Ele deixa, às vezes, entrever em suas cartas o destino de certas nações. "Podemos pretender ter maior conhecimento das causas secretas dos acontecimentos do que vocês do mundo." (*C.M.*). De maneira primitiva podemos fazer alguma coisa como o Mestre, quando tentamos avaliar corretamente os acontecimentos. Por exemplo, a devastação do mundo pelas guerras não resultaram de fracassos diplomáticos. A verdadeira raiz da desgraça está na ignorância, na cobiça e no medo humanos, levando ao caos econômico e à inveja entre as nações.

Este profundo conhecimento habilita-os a conhecer melhor um indivíduo do que qualquer outra pessoa. Sinnett nunca compreendeu bem o coronel, nem H.P.B. O Mestre escreve sobre ela: "Você nunca poderá conhecê-la tão bem como nós, portanto nenhum de vocês é capaz de julgá-la imparcial ou corretamente. Vocês veem a superfície das coisas; e aquilo que denominam 'virtude' aplica-se apenas às aparências; nós julgamos após sondagem do objeto em sua maior profundidade e, geralmente, deixamos que as aparências cuidem de si mesmas." (*C.M.*) O Mestre não espera que os homens vejam como ele vê; "Você vê o exterior, eu vejo o *interior."* E mais uma vez: "Nós, prezados senhores, sempre julgamos os homens por suas motivações e pelos efeitos morais de suas ações; pelos falsos padrões mundanos e preconceitos, não temos muito respeito". (*C.M.*) O Mestre M., escrevendo a Sinnett, diz: "Com o 'visível' nada temos a fazer. Ele é para nós apenas um véu que oculta dos olhos profanos o outro *ego*, cuja evolução nos concerne". (*C.M.*)

Isso se verifica no caso de um homem rude com quem Sinnett não se preocupava. O discípulo do Mestre K.H., atualmente Mestre D.K., escreve: "Num certo sr. Bennett da América que, dentro em breve, chegará a Bombaim, você poderá reconhecer alguém que, apesar de seu nacionalismo provinciano, que você tanto detesta, e sua forte propensão irreligiosa, é um de nossos colaboradores (sem que ele mesmo saiba) para executar o plano para a libertação do pensamento ocidental dos credos supersticiosos." (*C.M.*) Escreve então o Mestre M.: "Você notou somente que Bennett tinha mãos e unhas sujas, que usava linguagem grosseira e que tinha – em sua opinião – um aspecto geral desagradável... Poucos homens sofreram tanto – e injustamente – como ele sofreu; e poucos têm um coração mais amável, generoso e leal... O Bennett sujo é *moralmente* tão superior cavalheiro ao Hume, como você o é em relação ao seu carregador... B. é um homem honesto e tem um coração sincero, além de ter uma tremenda coragem moral e ser além do mais, um mártir. Assim é o afeto do nosso K.H. ... Há um cheiro moral assim como há um cheiro físico, bom amigo... A polpa doce da laranja está no interior da pele – Sahib: olhe o interior da caixa para ver as joias e não confie naquelas imagens que estão na tampa... o homem é *honesto* e muito sério; não exatamente um anjo... mas uma vez que os anjos estão fora da nossa cosmogonia, estamos felizes de ter a ajuda de homens honestos e corajosos, ainda que sujos".(*C.M.*)

Isso mostra também que o Mestre tem muitos "colaboradores" e de todos os tipos, no mundo dos homens. C.W.L. uma vez falou-me de um Iniciado que não era membro da Sociedade Teosófica, mas que fez um grande trabalho para os Lares do dr. Barnado, para crianças perdidas e esquecidas, conduzindo grupos delas para o Canadá e a Austrália e cuidando que ficassem bem estabelecidas. Qualquer trabalhador honesto, de coração puro e sincero no que tange ao bem-estar e à felicidade humanos, pode ser usado temporariamente, até um certo ponto, pelos Mestres. Os Adeptos, particularmente, tentam influenciar o curso dos acontecimentos inspirando tanto quanto possível grandes homens em posições-chave, tais como primeiros-ministros, grandes pregadores, escritores e trabalhadores. Isso ficou claro na última grande guerra. *Sir* Winston Churchill foi assim inspirado. Ele próprio estava consciente disso, pois disse em 1942: "Tenho por vezes uma sensação – de fato eu a tenho muito forte – uma sensação de interferência. Quero enfatizar que tenho, às vezes, uma sensação de que uma mão dirigente interferiu. Sinto que temos um guardião porque servimos a uma grande causa, e que teremos este guardião enquanto servirmos a esta causa com fidelidade".

Os Mestres têm colaboradores de todos os graus e de todas as classes, a maioria deles inconscientes deste fato. Ele diz, em algum lugar, que pode facilmente varrer o magnetismo desagradável, causado por sujeira física, mas não pode fazer o mesmo com o magnetismo indesejável nas camadas mais altas da consciência. A vaidade espiritual, a ambição e a motivação egoísta são muito mais perigosas do que as pequeninas ambições e desejos dos homens comuns. Ele escreve: "Autopersonalidade, vaidade e presunção abrigados nos princípios mais elevados são muito mais perigosos do que os mesmos defeitos inerentes apenas à natureza física e inferior do homem". (*C.M.*) "Há pessoas que, sem dar sinais externos de egoísmo, são intensamente egoístas em suas aspirações espirituais internas." (*C.M.*) "Amigo, tome cuidado com o orgulho e o egoísmo, duas das piores armadilhas para os pés daquele que aspira a galgar os altos caminhos do Conhecimento e da Espiritualidade." (*C.M.*) Somos todos de certo modo maus juízes da natureza humana, porque vemos tão pouco do homem real. Lembro-me de C.W.L dizendo-nos, usando a fraseologia caseira que o caracterizava, que algumas pessoas levavam todos os seus bens numa vitrina, enquanto outras dificilmente mostravam qualquer coisa. O Mestre vê o que realmente está lá.

Uma vez, faz muito tempo, Annie Besant fez-nos uma palestra em Adyar sobre o trabalho dos Mestres nos diferentes planos da natureza. A menor parte do trabalho deles é feita aqui. Seria desperdício de tempo, para eles, fazer conferências ou escrever livros. Tal trabalho é deixado para seus chelas. No plano mais alto, o *Átmico*, o veículo do Mestre é um átomo e contém o plano inteiro. Isso parece verdadeira insensatez, mas não é a descrição de um fato, porém uma imagem simbólica do que é inteiramente indescritível e incompreensível, totalmente fora do tempo e do espaço, segundo nossa consciência. Aí todo Adepto é um ponto focal para o poder e a maravilha do plano, e atua num estado de contínua radiação.

No plano *Búdico* – o primeiro dos planos da "forma" – o Mestre trabalha através de grupos organizados que têm sua "alma", por assim dizer, nesse plano, tais como as grandes religiões, a Sociedade Teosófica, e todos aqueles que se dedicam ao bem e à felicidade do homem. Estas formas são como o "cálice" em que o Mestre serve o vinho da vida com bênção e inspiração.

No plano mental superior ele cria formas-pensamento e também comunica ideias e desejos para seus discípulos iniciados. Torna-se então dever deles trazer esse impulso inicial para seu corpo mental inferior e então para sua mente-cérebro, expressando-o em sua própria terminologia. Evidentemente, é fácil se ver que isso está, às vezes, sujeito a interpretações defeituosas, e também que assume o tom característico da maneira de falar aos discípulos. No plano mental inferior, mais uma vez, ele cria formas-pensamento convenientes para absorção pelas mentes concretas comuns, colocando-as na corrente de pensamento do mundo. Uma mente, que tateia à procura dessas verdades que eles expressam, ou aspirando a elas, os atrai e torna-se consciente de uma súbita iluminação. Um caso a esse respeito foi quando pensadores avançados estavam tateando na direção da verdade da Evolução. A forma-pensamento do Mestre foi captada simultaneamente por Charles Darwin e Alfred Russell Wallace.

Eles também ensinam àqueles que estão em estado *devachânico*, particularmente àqueles que, em vida, criaram uma imagem-pensamento de um Mestre de Sabedoria. Então, durante as horas de meditação, O Mestre envia sua "voz", o que não significa um som ouvido por clariaudiência, mas uma "sugestão", que pode tomar a forma de uma bela impressão, de uma súbita certeza ou mesmo de um sorriso divino. Em suas próprias meditações, os Adeptos têm em mente um grande número de pessoas, dando a cada uma exatamente aquilo que mais a ajudará: "Irmãos individuais, por exemplo, esforçam-se por desenvolver os Egos de diversos indivíduos, sem subjugar inteiramente suas vontades (o que é proibido)..." (*C.M.*). No plano astral seu trabalho está ficando profundamente limitado. Aí eles frequentemente ajudam os mortos, ensinam a seus discípulos mais jovens e auxiliam em casos de necessidade de ajuda.

A consciência do Mestre tem sempre seu discípulo em mente, mesmo quando não está conscientemente olhando em sua direção. Foi-me contada uma história por um dos discípulos de C.W.L. sobre o que ele viu acontecer, há muitos anos atrás, quando viajava com seu professor, na Índia. Um certo Rajá tinha, temporariamente, colocado um de seus palácios à disposição de C.W.L. e de dois de seus discípulos, que o acompanhavam. O Rajá tinha uma estrada de ferro particular partindo de seu palácio. Um dia, os três, viajando num carro, pararam à margem da linha, atravessaram em direção a uma loja nativa para apanhar um relógio grande que haviam deixado para consertar. C.W.L. voltou trazendo o relógio e um cacho de bananas. Assim sobrecarregado, não viu uma profunda depressão entre as linhas da estrada de ferro e caiu. Nesse momento, saindo de uma curva, veio o trem. Horrorizado com o que provavelmente aconteceria, o jovem viu o corpo de C.W.L. ser impulsionado como se fora por uma catapulta e colocado em segurança na margem da linha. "Caramba! Caramba!", disse C.W.L. ao chegar ao carro, "chocante desperdício de força, de parte do Mestre, devido ao meu pouco cuidado".

E esse é o caso, também, com seus discípulos reencarnados do passado, mesmo quando não estão ainda conscientes desse laço na vida presente. Notáveis exemplos disso ocorrem hoje nas vidas de Annie Besant e C.W.L. Houve uma ocasião em que Annie Besant foi física e misteriosamente transportada de uma multidão perigosa para uma rua sossegada, e também um momento quando, em desespero, contemplava a ideia de tomar veneno, ela ouviu uma voz, que mais tarde reconheceu como a do Mestre M., dizer-lhe: "Covarde! que sonhou com o martírio e não pode suportar uns poucos curtos anos de dor". E, em certa ocasião, nos primeiros tempos da vida de C.W.L., quando ele ia para casa, por uma das ruas de Londres, à noite, e estava para atravessar a soleira de uma porta protegida por uma marquise que ameaçava desabar, uma voz advertiu-o de que pulasse para o lado.

Eles estão, também, atentos às tendências dos acontecimentos mundiais, neutralizando (às vezes usando seus próprios corpos), tanto quanto a Lei permite, tendências más, algumas vezes colocando uma contra a outra, e assim tentando conservar um equilíbrio de poder. Em certa ocasião, H.P.B. andava com seu Mestre por um caminho rochoso no Tibete, e ele bateu com o pé, numa pedra, e seu pé ficou ferido e sangrou. H.P.B. ficou espantada que alguém tão sublime estivesse sujeito a acidentes comuns. Ela ficou ainda mais espantada quando ele, passando a mão no local, o recompôs por completo. Ou ela o interrogou sobre isso ou ele leu seu pensamento, pois lhe explicou que, naquele momento, em sua consciência no mundo, alguma coisa estava acontecendo que traria grande desastre para muitos, e ele a desviou para si próprio e, com esse ligeiro inconveniente para ele, outros sofreram muito menos sendo atingidos pela catástrofe do que, de outro modo, o seriam (embora não tenham escapado por completo).

Isso ilustra uma das muitas maneiras de como um Adepto faz parte do "Muro de Proteção", mencionado em *A Voz do Silêncio*, que afirma: "É ensinado que os esforços acumulados de longas gerações de Iogues, Santos e Adeptos... criaram, por assim dizer, um muro de proteção em torno da humanidade, muro esse invisível, que protege a humanidade de males ainda piores". Nas palavras poéticas desta pequena escritura eles são autodestinados a viver através de futuros *Kalpas* [idades] não agradecidos e não percebidos pelos homens; comprimidos como uma pedra entre outras inúmeras pedras, formam o "Muro de Proteção"... Construído pelas mãos de muitos Mestres de Compaixão, erguido por seus sacrifícios, cimentado por seu sangue, esse muro protege a humanidade desde que o homem é homem, protegendo-o de mais e maiores misérias e sofrimentos.

Ainda nessa mesma entrevista com Charles Johnston, acima citada[*], H.P.B., falando sobre certos Adeptos de muitas raças e de uma Loja deles na América do Sul, disse: "Há certos membros das Lojas que passam de centro para centro, mantendo as linhas de comunicação entre eles ininterruptas. Mas eles estão sempre ligados de outras maneiras... ainda mais elevadas. Eles têm vida e poder comuns". (C.W.L. chama essas consciências unidas de "o mar brilhante da consciência da Fraternidade".) "À medida que eles se erguem em

---

[*] *Collected Writings,* H.P. Blavatsky, vol. VIII, 400-02. (N. da autora.)

espiritualidade, se erguem acima da diferença de raça, para nossa humanidade comum. A série é ininterrupta. Os Adeptos são uma necessidade na natureza e na supernatureza. Eles são os elos entre os homens e os deuses; sendo esses deuses as almas de grandes Adeptos e Mestres de raças e idades que se foram, e assim por diante, até o limiar do Nirvana. A ligação é ininterrupta."

Quando Johnston perguntou-lhe o que eles faziam, ela respondeu: "Você dificilmente compreenderia, a menos que fosse um Adepto. Mas eles mantêm a vida espiritual da humanidade".

Então ele lhe perguntou como eles guiavam as almas da humanidade, e ela respondeu: "De muitas maneiras, mas principalmente ensinando diretamente às almas no mundo espiritual. Mas isso é difícil para você entender. É, entretanto, bastante claro. Em certos períodos regulares, eles tentam dar ao mundo, em seu conjunto, a correta compreensão das coisas espirituais. Isto é muito evidente na tendência do pensamento religioso atual, C.C.]. Um deles aparece para ensinar às massas e é ligado à tradição como o fundador de uma religião. Krishna foi um desses Mestres, bem como Zoroastro, Buda e Shankaracharya, o grande sábio do Sul da Índia. Assim também foi o Nazareno. Ele se adiantou contra o parecer dos demais, para ajudar o povo antes do tempo, movido por uma grande piedade e um entusiasmo pela humanidade; ele foi prevenido que a época era desfavorável, mas, apesar disso, ele persistiu, e assim foi morto por instigação dos sacerdotes".

"Mas este não é o único trabalho dos Adeptos. Em períodos mais curtos eles enviam um mensageiro para tentar ensinar ao mundo. Tal período vem no último quarto de cada século, e a Sociedade Teosófica representa seu trabalho para essa época."

Ele perguntou: Como isso beneficia a humanidade? Ela replicou então: "Como o fato de conhecer as Leis da Vida beneficia você? Não o ajuda a escapar das doenças e da morte? Bem, há uma doença da alma e uma morte da alma. Somente o verdadeiro ensinamento sobre a Vida pode curá-las".

Os Adeptos trabalham também com os Anjos das nações, os Anjos da Guarda, que são, por si mesmos, o epítome de seus cargos, guiando as forças espirituais como nós guiamos as forças materiais, escolhendo e rejeitando os atores principais no drama humano; influenciando, se lhes for possível, os parlamentos humanos; inspirando chefes que podem ser inspirados, provendo impulsos necessários na direção correta. Supõe-se que o Mestre príncipe Rákóczi tenha alguma coisa a ver com a estruturação da Declaração Americana de Independência, e é bastante evidente, por suas ações e escritos, que Benjamin Franklin poderia ser contado entre seus discípulos. Sabemos de dois outros, pouco tempo depois, Benjamin Disraeli e o escritor Bulwer Lytton. A Disraeli foi dado escolher entre uma carreira pública ou uma secreta de desenvolvimento oculto. Ele escolheu a carreira pública, embora depois lamentasse.

C.W.L. contou-nos que Bulwer Lytton costumava jantar com o pai de C.W.L. Em certa ocasião, quando ele era ainda um menino, passava pela sala de jantar para furtar um bombom da mesa, antes que o hóspede chegasse, e para seu horror, ouviu seu pai e o hóspede na porta da sala de jantar. Era impossível escapar; assim ele se escondeu sob a mesa e estava condenado a aí ficar durante todo o jantar. Contou-nos ele que bem castigado! Terminado o jantar, Lytton e seu pai sentaram-se um em cada lado da lareira. Bulwer Lytton colocou duas cartas no aparador, e sentaram-se outra vez junto à lareira, estenderam a mão para as cartas que, como se de acordo, pularam do aparador e se estenderam no soalho aos seus pés. O rapazinho, sob a mesa, ficou petrificado de medo!

Pode ser útil que se encerre este longo capítulo com uma curta enumeração de alguns dos *Siddhis*, ou poderes divinos, como descritos pelo antigo sábio Patañjali. Alguns deles soarão como velhos contos de fadas. Certamente acredito que as histórias antigas são glifos ocultando fatos. É bom lembrar também a obra *Alice no País das Maravilhas*.

O conhecimento do passado e do futuro; o conhecimento do som ou da palavra de tudo quanto vive; o conhecimento de vidas anteriores; uma compreensão das imagens-pensamento e pensamentos de outros ("e Jesus, conhecendo seus pensamentos...", *Mateus 9:4*); o poder de tornar seu corpo invisível (Jesus "passando pelo meio deles", *Lucas 4:30*); conhecer o momento de sua própria morte; conhecimento de todas as regiões, os sistemas estelares e o movimento das estrelas; conhecimento da estrutura do corpo; a cessação da fome e da sede; imobilidade; a visão daqueles que são Perfeitos; um conhecimento do homem espiritual interior; uma radiação admirável, mesmo do corpo físico, pelo seu poder de *Akasha;* o poder da escuta espiritual; andar pelo espaço; uma perfeição do corpo, em beleza e força; domínio sobre a matéria e supremacia sobre todos os estados do ser e da consciência.

As escrituras hindus também enumeram os poderes que pertencem ao Adepto, tais como percepção intuitiva da natureza de qualquer objeto; consciência onipresente; ouvir e ver a distância; ler o pensamento, conhecer o estado e os antecedentes de um homem, e as mentes e os corações de todos os seres; conhecimento do passado e da finalidade da torrente da Vida.

"Os graus de iniciação de um Adepto marcam os sete estágios nos quais ele descobre o segredo dos princípios sétuplos da natureza e do homem e desperta seus poderes adormecidos." (*C.M.*)

"A natureza segue a mesma trilha, desde a 'criação' de um Universo até a de um mosquito." (*C.M.*)

CAPÍTULO 6

Algumas Leis da Fraternidade Oculta

Não é nada fácil para nós reconhecer que as ações dos Mestres são governadas por uma *lei* imutável. O Mestre K.H. escreve Sinnett: "Nenhum de vocês chegou a formar uma ideia exata dos 'Mestres' ou das leis de Ocultismo pelas quais eles se guiam." (*C.M.*)

O Mestre M. uma vez pediu a Sinnett para fazer sua Loja compreender que ele era o agente e não o árbitro do *karma*. Pensar um pouco nos mostrará isso, pois o que é a Grande Lei, no Oriente chamada *karma*, que significa "ação e reação", descrita pela ciência como "igual e oposto", senão a grande vontade e o propósito do Universo, sempre se deslocando, como Emerson nos disse, na direção da beatitude e da realização de cada ser vivo? Aquele "acontecimento divino distante, para o qual toda a criação se dirige". Na terminologia religiosa podemos chamá-lo de "Vontade de Deus". Pode essa Vontade de Amor Imortal significar um mal para nós? De maneira nenhuma. Mas podemos exclamar: Há tanto mal no mundo! Sim, mas é feito principalmente pelo homem. Diz o Mestre: "O mal não existe *per se* e não é senão a ausência do bem. Ele existe somente para aquele que é transformado em sua vítima. O mal procede de duas causas – e assim como o bem, não é uma causa independente na natureza. A natureza é destituída de bondade ou maldade; ela segue somente leis imutáveis quando dá vida e alegria, ou envia sofrimento e morte, e destrói o que criou. A natureza tem um antídoto para cada veneno, e suas leis têm uma compensação para cada sofrimento... O verdadeiro mal procede da inteligência humana, e sua origem está inteiramente no homem pensante que se dissocia da natureza. Só a humanidade é então a verdadeira fonte do mal. O mal é o exagero do que é bom, produto do egoísmo e da ganância humanos. Pense profundamente e você verificará que, salvo a morte, que não é um mal, mas uma lei necessária, e acidentes que sempre encontrarão sua compensação numa vida futura, a *origem* de todo mal, pequeno ou grande, está na ação humana, no homem, cuja inteligência faz dele um agente livre na natureza". (*C.M.*)

O homem, preso ao jogo de "par de opostos", foi dotado de livre-arbítrio e livre escolha, e deve aprender "como escolher o bem e rejeitar o mal" e finalmente se erguer àquele Amor fundamental que ultrapassa tanto o chamado bem, quanto o mal. Podemos nos lembrar das admiráveis palavras de Robert Browning: "O mal é zero, é nada, é silêncio implicando em som".

Amor é o poder construtivo, o poder unificador do Universo. Seu oposto, o ódio, é destrutivo. Então, posto que o Universo continua em seu caminho belo, organizado, o Amor *deve* estar no coração dele e ser o seu propósito. O mal tem o seu propósito cósmico no esquema das coisas, e até mesmo a suprema corporificação do mal, os Irmãos da Sombra, o caminho da mão esquerda. Há uma admirável história nas escrituras hindus. Ela conta como a roda que agitou o oceano da existência foi movimentada tanto pelos anjos bons, os Devas, quanto pelos anjos maus, os Asuras. Um empurrou a roda numa direção, e o outro na direção oposta, mas ambos fizeram a roda girar.

O homem imortal, que na verdade somos nós, nunca pode ser destruído, e tudo que lhe acontece, mesmo trágico, desastroso, terrível, é para nossa futura bênção e aperfeiçoamento. Entretanto, estritamente falando, não existe algo como "mau *karma*". Todas as coisas trabalham juntas para um bom final.

Quando começa a Lei de Ação e Reação a agir? Na aurora do Universo, quando os polos do Espírito e da Matéria, Vida e Forma separam-se e diferenciam-se, começa a relação das partes separadas. Como o Mestre K.H. diz: "Nossa Filosofia... é proeminentemente a ciência dos efeitos por suas causas e das causas por seus efeitos". (*C.M.*) A Vontade Cósmica encontra seus agentes e sua corporificação no Homem Perfeito. Repetidamente eles próprios assim o dizem. Escreve o Mestre M.: " Conosco Lei é Lei, e nenhuma força pode nos fazer alterar coisa alguma em nosso dever". (*C.M.*) E desse dever, diz ele, sempre foi e será "escravo". Assim escreve o Mestre K.H.: "Não temos favoritos, não desrespeitamos regras." (*C.M.*)

Por isso eles nunca "interferem" no trabalho que a Grande Lei promove, seja em si mesmos, ou em relação a outros indivíduos ou nações. "Ensine a evitar as causas, quanto à agitação do efeito, deixe que siga seu curso", diz *A Voz do Silêncio*. Fica bem claro agora por que a Grande Fraternidade Branca não pôde – como frequentemente me perguntam – evitar as guerras mundiais. Se a ignorância humana e suas consequências, medo, egoísmo e ganância, produziram um horrível resultado, a Fraternidade não poderia evitá-la ou desviá-la.

Nem pode um Adepto fazer isso por seu chela. O Mestre M. escreve sobre um grande distúrbio que afligia H.P.B.: "Ela sofre agudamente, e eu não posso ajudá-la porque tudo isto é efeito de causas que *não podem ser desfeitas* – ocultismo em teosofia". (*C.M.*) O que o Mestre pode fazer se o discípulo for completamente e de todo o coração dedicado é arrumar a sequência de certos acontecimentos *kármicos*, mas nunca pode anulá-los.

Trabalhando com a Lei, os Adeptos, muito sabiamente, não apressam os acontecimentos. O Mestre M. escreve: "O mundo não foi feito num dia... Que a evolução siga seu curso natural – se a desviarmos produziremos monstros presumindo guiá-la". (*C.M.*) Mesmo no desenvolvimento de seus chelas o Mestre não usa uma pressão extra. "A visão e a audição divinas não são obtidas num curto nascimento." (*V.S.*)

Apesar de serem "capazes de ver futuros acontecimentos", eles são impedidos de usar poderes anormais que possam interferir no *karma* de uma nação. (*C.M.*) Nem lhes é permitido usar esses poderes anormais "até que todos os meios comuns tenham sido tentados e tenham falhado". (*C.M.*)

O Adepto tem um profundo respeito pela vontade livre de tudo quanto vive. É contra as leis de seu mundo dar ordens, dirigir, ou dizer às pessoas – mesmo seus chelas – exatamente o que fazer. Escreve o Mestre K.H: "Somente os Adeptos... são proibidos por nossas sábias e intransgressíveis leis de subjugar totalmente outra vontade mais fraca – a de um homem nascido livre. Este último processo é o favorito dos 'Irmãos da Sombra'". (*C.M.*) Ele explicou a razão disso a Leadbeater. "Se eu *exigisse* que você fizesse uma coisa ou outra em vez de simplesmente aconselhá-lo, eu seria responsável por todos os efeitos consequentes do seu passo, e você teria apenas um mérito secundário. Pense e verá que isto é verdade." (Carta 7)*. Há aqui uma lição para muitos de nós. Pessoas intrometidas, que gostam de dirigir a vida dos outros, atraem – como a verdadeira causa dessas decisões e ações – os resultados *kármicos* em vidas futuras, causando-lhes muitas complicações.

Mesmo no caso de seus chelas, iniciados ou não, o Mestre evita tomar decisões por eles, ou mesmo dar-lhes conselhos em demasia. "Até a última e suprema iniciação", diz o Mestre, "todo chela... é deixado ao seu próprio julgamento e critério. Temos que vencer nossa própria batalha, e o adágio

---

* *Cartas dos Mestres de Sabedoria,* Primeira Série, compiladas por C. Jinarajadasa, Ed. Teosófica, 1996. (N. ed. bras.)

'o Adepto *se faz*, ele não é *feito'* é totalmente verdadeiro. Posto que cada um de nós é o *criador* e produtor das *causas* que nos levam a esses ou àqueles *resultados*, temos de colher aquilo que semeamos. *Nossos chelas são ajudados, mas somente quando são inocentes das causas que os levam às dificuldades;* quando tais causas são geradas por influências alheias e externas. A vida e a luta pelo Adeptado seriam muito fáceis, se tivéssemos todos varredores seguindo-nos para limpar os *efeitos* que gerássemos por nossa imprudência e nossa presunção". (*C.M.*)

É fácil ver por que esta lei prevalece. De que outra maneira a não ser por tentativa e erro poderia o poder de um homem de julgar, intuir e escolher ser desenvolvido? No velho mito cósmico do Jardim do Éden, a alma nascente comeu o fruto da árvore do conhecimento do bem e do mal, nas palavras do Oriente entrou no jogo dos "pares de opostos", de modo que ela pudesse desenvolver a autoconsciência e a automotivação. Citando a Bíblia, para que pudesse aprender *como* escolher o bem e rejeitar o mal.

O Mestre não disse nem mesmo a H.P.B. e ao coronel exatamente o que fazer. Ele escreve: "Os Fundadores não oraram a nenhuma Deidade no começo da Sociedade Teosófica, nem pediram, desde então, seu auxílio. Auxiliamos, nós, os Fundadores? Não; eles foram auxiliados por sua própria inspiração e autoconfiança, e sustentados por sua reverência pelos direitos do homem". E mais uma vez escreve: "Nós *aconselhamos*, e nunca *damos ordens*. Mas influenciamos os indivíduos". (*C.M.*) E, falando sobre H.P.B., o Mestre escreve: "De acordo com nossas regras, a M. não era permitido proibi-la de tal opção". (*C.M.*)

Os Irmãos *nunca* transmitem mensagens através de médiuns espíritas. O Mestre D.K., escrevendo no lugar do Mestre K.H., faz uma advertência a Sinnett, visto que, mesmo naqueles primeiros tempos, clarividentes e médiuns estavam transmitindo mensagens dos Adeptos e declarando tê-los visto e entrado em contato com eles. Sua aparência pode facilmente ser simulada no plano astral. Assim, diz o Mestre D.K., sabendo o quanto tais acontecimentos podem levar muitos teosofistas ao erro, seu Mestre, o *Mahatma* K.H., houve por bem emitir a seguinte resolução: "Doravante qualquer médium ou vidente que queira alegar que tenha sido visitado pelo meu Mestre ou com ele tenha conversado ou o tenha visto, terá que validar sua alegação com TRÊS PALAVRAS SECRETAS, que ele, meu Instrutor, comunicará e guardará no cofre de A.O. Hume e de A.P. Sinnett... A seu pesar, meu Mestre é forçado a dar este passo porque recentemente tais fraudes têm acontecido com bastante frequência, requerendo assim providências urgentes". (*C.M.*)

O Adepto não é contra a *verdadeira* mediunidade e ele mesmo descreve a diferença. "Não é contra o *verdadeiro* Espiritismo que nos colocamos, mas contra a mediunidade indiscriminada, as manifestações físicas, as materializações e, especialmente, os transes e as *possessões*." *(C.M.)* O Mestre também aponta o que está por trás dessas manifestações, como H.P.B. também o faz frequentemente. Ele explica que somente o Ego Divino em cada homem é imortal, não sua personalidade passageira, e aquilo com que o Espiritismo frequentemente entra em contato é somente a casca abandonada da personalidade que partiu, temporariamente galvanizada numa vida espúria pela vitalidade do próprio médium, e também, numa certa extensão (5% diz o professor Crawford), por todos aqueles que estão presentes na reunião. "E agora", ele escreve, "vocês podem compreender a razão pela qual tão fortemente nos opomos ao Espiritismo e à mediunidade". (*C.M.*) O Espiritismo tem evoluído muito desde então, e atualmente tem um modo de pensar muito semelhante ao nosso. Ocasionalmente o Mestre permite tais ilusões. Ele escreve: "Pode acontecer que, por motivos que não podem ser revelados, os médiuns e seus fantasmas não sejam impedidos por nós e fiquem livres não só para personificar os 'Irmãos', mas até mesmo para *forjar nossa caligrafia*". (*C.M.*) O Mestre pode sempre se comunicar com alguns de nós, se assim desejar, diretamente, às vezes por precipitação, que ele chama "telegrafia mental." Ele também escreve que "o médium e o chela são diametralmente diferentes, o último age conscientemente" (*C.M.*), enquanto o médium é inconsciente. Este é um assunto importante a ser pensado nestes dias quando tantos médiuns e clarividentes estão transmitindo mensagens e diretrizes em nome de muitos membros da comunidade dos Adeptos. É realmente extraordinário o rápido crescimento de tais ilusões. No curso de minhas viagens tenho pessoalmente encontrado muitos dos assim chamados adeptos, iniciados, muitos dos quais declarando-se adeptos de alto grau. Por exemplo, acredite quem quiser, já encontrei diversas encarnações do Senhor Cristo, bem como de Nossa Senhora e, mais de uma vez, um Apóstolo; também mulheres bastante ajuizadas alegando que viriam a ser a mãe do novo Cristo que está por vir (algumas vezes seus próprios maridos acreditavam nisso), bem como a corporificação de nossos Mestres que são bem conhecidos em Ocultismo. Espanta-me a credulidade humana. Pois em quase todos esses casos encontrei homens e mulheres devotados, seguindo essas pessoas desorientadas. Encontrei também membros do caminho da esquerda* e seus discípulos, mas sobre esses não escreverei.

Há muitos clarividentes sinceros mas não treinados, que transmitem mensagens e ensinamentos supostamente vindos dos Mestres de Sabedoria. Quando pela primeira vez encontrei clarividentes e médiuns, fiquei imensamente impressionada. Mas uma longa experiência ensinou-me desde então a ser extremamente cautelosa em relação a *qualquer* expressão psíquica ou visão. Uma sensitiva nata que eu conheci bem na África do Sul – e que, ao mesmo tempo, é dotada de conside-

---

* *Caminho da Esquerda* – A expressão tem relação apenas com o ocultismo egoísta, contrário à evolução espiritual. (N. ed. bras.)

rável força de caráter e bom-senso, disse-me várias vezes ter, em sua própria experiência, descoberto que quase todas as aparições astrais são "mentirosas". O plano astral é o que H.P.B. chama "o mundo da grande ilusão", e diz que "nenhuma flor colhida nessas regiões foi transportada para a Terra sem sua serpente enrolada em sua haste". Ela comenta aqui as palavras de *A Voz do Silêncio* que chamam o plano astral de Sala do Aprendizado, e diz: "Nela a Alma encontrará a floração da vida, mas sob cada flor, haverá uma serpente enrolada". Somente pela compreensão dos planos espirituais mais elevados é que esses fenômenos podem ser corretamente entendidos e avaliados.

Isso requer um treinamento longo e estrito, bem como uma iniciação que capacite quem vê a ver corretamente. Depende especialmente da pureza desinteressada do sensitivo. O Mestre escreve: "Muitas das comunicações espirituais *subjetivas* – em sua maioria quando os sensitivos têm a mente pura – são reais; mas é bastante difícil para o médium *não iniciado* fixar em sua mente os quadros corretos daquilo que vê e ouve". (*C.M.*) Mais um vez ele escreve: "Há aqueles que são voluntariamente cegos, e outros que o são *involuntariamente*. Os médiuns pertencem à primeira classe e os sensitivos, à segunda. A menos que iniciados e treinados regularmente – no que concerne à compreensão espiritual das coisas e supostas revelações feitas ao homem em todos os tempos desde Sócrates, passando por Swedenborg... nenhum vidente ou clarividente autodidata viu ou ouviu de maneira completamente correta". (*C.M.*)

Facilmente se pode ver a razão disso. Consciente ou inconscientemente – a maior parte das vezes inconscientemente – estamos criando e espalhando incontáveis "formas-pensamento." Povoamos nossa corrente no espaço, como disse o Mestre, com criações de nosso pensamento, um mundo de memórias, esperanças, satisfação de desejos. É com este mundo, e através da janela colorida de sua condição psíquica, que o vidente não adestrado entra em contato. A mais leve satisfação do desejo aí toma forma. Tal forma-pensamento pode ser animada por um espírito da natureza que não tenha senso moral ou sentimento de certo ou errado como nós temos, e assim aparece como anjo de luz, dizendo-nos exatamente o que desejamos ouvir. C.W.L. sempre nos advertiu que tomássemos cuidado com qualquer visão que nos *bajulasse*.

Tenho recebido muitas "mensagens" supostamente vindas dos "Mestres", muitos ensinamentos autorizados de todas as direções, mas raramente o Adepto faz este tipo de coisa. Ele nem mesmo gosta de ser citado (que me perdoe por isso!). Como ele uma vez escreveu a Sinnett: "Você pode usar os argumentos, mas não minha autoridade ou meu nome". (*C.M.*) A última coisa que um Mestre de Sabedoria ou seus discípulos desejam é serem transformados num oráculo infalível.

Lembro que, há muito tempo, uma senhora que fazia parte da Sociedade Teosófica achou que podia fazer a escrita mediúnica. Penso que a escrita mediúnica é, frequentemente, uma revelação do subconsciente pessoal. Ela começou a receber mensagens do outro lado. Finalmente chegou ao ponto onde, supostamente, adeptos elevados escreviam usando sua mão, especialmente alguém que ela supôs ser o Mestre Hilarion, o Senhor do Quinto Raio em Evolução. Todas as comunicações se encerravam com as palavras "assim diz Hilarion". Ela me mostrou com grande orgulho. "Mas minha querida", disse eu, "isto não parece de um Mestre de Sabedoria. Nenhum Adepto seria tão pomposo". Eles são a alma da humanidade. O Mestre K.H., escrevendo a Sinnett, termina "aceite minha pobre bênção". Ela não me ouviu. Posteriormente as coisas foram além. Não somente o Mestre Hilarion escrevia mensagens e ensinamentos, mas elas começaram a chegar do Instrutor do Mundo, o Senhor Maitreya, o Cristo. Haverá sempre pessoas que acreditarão ardentemente em tais comunicações, e um cavalheiro na Loja ficou tão impressionado que pagou a impressão e circulação dessas mensagens. O resultado final foi como o de muitos casos similares que eu conheci. Dois anos mais tarde eu estava outra vez em sua vizinhança e perguntei por ela. "Você não sabia"?, disseram-me os membros, "tivemos que recolhê-la a uma casa para doentes mentais".

Tive conhecimento de um caso semelhante que ocorreu na América. Ela era membro de uma escola esotérica e deveria saber melhor. Tinha desenvolvido a escrita mediúnica e assim se abriu para influências do plano astral – e as mais nocivas e piores forças estão mais próximas do plano físico – e ficou completamente sob o controle delas. Seu sono era inteiramente impedido, e ela foi forçada a praticar toda espécie de ações extravagantes. Felizmente era uma mulher de um caráter forte e corajoso. Curei-a por meios que me eram dados intuitivamente, mas que aqui não descreverei. Toda advertência é pouca no sentido de alertar os meus leitores para que se abstenham de tais práticas, e de que não se entreguem a *nenhuma* influência – vinda de fora. Que um Mestre os use desta maneira é bastante improvável. O Mestre chama isso "Misticismo malguiado e maldirigido." Para repelir influências pequenas e indesejáveis são bastante poderosos dois mantras pequenos: a Palavra Sagrada (o nome do Inefável no Oriente), e a antiga fórmula, "Em Nome do Pai, etc.", no Ocidente.

Não é desejável a curiosidade persistente sobre o trabalho dos Irmãos das Trevas. Nós, em geral, não somos bastante grandes para atrair a atenção deles. Mas, falando de maneira genérica, se lhes for possível semear desconfianças, desespero, desarmonia, entre nós, eles certamente o farão. Os discípulos do Mestre, diz-se, são semelhantes aos dedos da mão. O que afetar a um afetará a todos. Onde um tem sucesso, todos têm. Predominam o amor e uma total cooperação amigável. Isso não é fácil para pessoas egoístas e, portanto, com complexo de inferioridade, mas é necessário e deve ser atingido, sendo a verdadeira proteção contra os assaltos dos Irmãos das Trevas. Mesmo a eles não devemos temer ou odiar, pois eles são parte reconhecida e necessária da economia da natureza.

Os Irmãos nunca dão prova de seus poderes ou de suas existências. Sinnett estava ansioso para que o Mestre fizesse um milagre semelhante, fazendo aparecer uma cópia do jornal editado por ele, Sinnett, em Londres, no mesmo dia de sua publicação na Índia. Ele achava que "a metade de Londres se converteria". O Mestre não consentiu, dizendo que isso era "impensável". Ele explicou a Sinnett que não somente seria fútil no presente estágio da evolução do mundo, mas que, com o correr do tempo, o mundo mudaria de atitude e iria desacreditá-lo. "Você nos censura por nosso grande segredo", escreve ele, "contudo conhecemos alguma coisa da natureza humana, pois a experiência de longos séculos – ou antes, idades – nos ensinou que, enquanto a ciência tiver qualquer coisa a aprender e uma sombra de dogmatismo religioso restar nos corações das multidões, os preconceitos do mundo deverão ser vencidos passo a passo, sem pressa". (*C.M.*)

A exibição de poderes anormais nunca acabou por convencer ninguém, e é contra as Leis da Fraternidade assim proceder. Muitos dos *Arhats* de Buda desenvolveram poderes supernormais, mas ele nunca lhes permitiu exibi-los. Conheci pessoalmente duas pessoas que estiveram naquele piquenique em que H.P.B. produziu fenomenicamente um décimo terceiro pires e uma xícara. Indistinguíveis dos outros doze, eles podem ser vistos ainda hoje em Adyar. Mas algum de meus informantes ficou impressionado? Absolutamente não. Ambos disseram-me que H.P.B. sabia o que aconteceria e enviou antes alguém para que enterrasse a xícara e o pires onde foram mais tarde encontrados! Não é a mesma verdade da história Bíblica de Lázaro? Quando o homem rico no inferno pediu que Lázaro fosse enviado do seio de Abraão para advertir aos seus irmãos sobreviventes, Abraão replicou: "Nenhum deles será persuadido, mesmo por alguém erguido dos mortos". (*Lucas 16:31*). Ouvi dizer que a H.P.B. foi permitido exibir alguns poderes menores para chamar a atenção para o movimento que estava começando.

É contra suas leis, para os Adeptos, usarem quaisquer de seus poderes divinos em seu próprio benefício, mesmo para salvar sua vida. Mais uma vez isto está acentuado na Bíblia pela zombaria dos sacerdotes: "Ele salvou outros; a si mesmo não pôde salvar". (*Mat. 27:42*). Esta lei mostra-se também no divertido episódio envolvendo cartas de Sinnett e a cabra. Perguntei uma vez a C.W.L. como Sinnett transmitia suas cartas ao Mestre. Tinha o Mestre um endereço postal? C.W.L. disse que o Mestre tinha um chela que era bibliotecário do Marajá de Cachemira. Ele enviava as cartas aos cuidados desse homem e, quando oportuno, eram enviadas por mensageiro ao Tibete, algumas vezes acumulando-se diversas. O Mestre escreve: "Sua carta, incluindo a de C.C.M., foi recebida por mim na manhã seguinte da data que você a entregou ao 'homem pequeno'... Quando fui notificado de sua chegada, eu estava cruzando o grande pátio interior do mosteiro; curvando-me ao ouvir a voz do Lama Tondhub Gyatcho, não tive tempo de ler seu conteúdo. Assim, depois de abrir maquinalmente o grosso pacote, tive a intenção de colocá-lo na minha bolsa de viagem, que uso a tiracolo. Na verdade, porém, o pacote caiu no chão; e como eu havia aberto o envelope, tanto ele quanto as cartas foram parar no chão... Eu já tinha chegado à escada... quando ouvi a voz de um jovem *gyloong* chamando de uma janela... Virando-me, compreendi a situação num relance; de outra maneira sua carta nunca seria lida por mim, pois vi uma venerável cabra velha no ato de fazer a sua refeição matutina com ela. A criatura já tinha devorado parte da carta de C.C.M., e estava preparando-se pensativamente para dar uma mordida na sua, mais delicada e fácil de ser mastigada com seus velhos dentes do que o papel e envelope rudes da carta do seu correspondente. Salvei o que restou em um instante, apesar do desgosto e da oposição do animal – mas o que restou foi pouco. O envelope com o seu timbre quase desaparecera, o conteúdo das cartas tornara-se ilegível – para encurtar, fiquei perplexo com a visão do desastre. Agora você sabe *por que* eu me senti embaraçado: *eu não tinha o direito de restaurar o que fora destruído...* Eu já tinha resolvido humildemente obter do *Chohan* um privilégio excepcional nessa terrível emergência, quando vi diante de mim sua santa face com seu olhar cintilando de uma maneira incomum, e ouvi sua voz: 'Por que quebrar a regra? Farei isso eu mesmo'... Ele restaurou as partes que faltavam e o fez habilmente, como você vê, e transformou um envelope amassado e rasgado, muito danificado, em um novo, com selo e tudo. Agora eu sei que grande poder teria de ser usado para uma restauração como esta... Por isso agradeci à cabra de todo o coração; e..., para mostrar minha gratidão, reforcei o que restava de dentes em sua boca e restabeleci os restantes dentes dilapidados em seus encaixes, de modo que ela possa mastigar alimentos mais duros que cartas inglesas, por muitos anos vindouros". (*C.M.*)

Este relato mostra também o senso de humor que nenhum Adepto deixa de ter. Um Mestre de Sabedoria jamais guarda nenhum ressentimento em relação a qualquer pessoa ou acontecimento. O Mestre escreve: "Meus votos de *Arhat* foram pronunciados, e eu não posso nem procurar vingança, nem ajudar outros a obtê-la." (*C.M.*) Diz ele que a "vingança é profana", mas que eles têm o direito de *defender* qualquer pessoa injustamente acusada.

Os Irmãos são as pessoas mais gratas do mundo. O Mestre K.H. fala calorosamente a Sinnett sobre "o impulso que você tem dado pessoalmente à Causa que amamos". (*C.M.*) Provavelmente ficará claro a todos os que pensam profundamente que a gratidão é uma qualidade pertencente a um estágio bastante avançado da evolução. Assim, frequentemente, uma pessoa primitiva não tem essa qualidade. Ela tomará compaixão ou bondade como um sinal de fraqueza.

O Mestre é também perfeitamente leal a outro membro da Fraternidade, às leis de seu mundo, e à palavra dada. Ele escreve a Sinnett. "Detesto prometer aquilo que, por diversas razões, não possa cumprir." (*C.M.*) E diz mais uma vez, "não me atrevo a prometer, pois nunca deixo de cumprir minha palavra". (*C.M.*) E uma vez que o Mestre tenha tomado alguém como seu discípulo, nunca, daí em diante, em qualquer circunstância, o abandonará. Esse discípulo pode se afastar por muitas vidas, mas o pensamento do Mestre sempre o seguirá, até o dia em que "com dor e gritos desesperados do eu inferior abandonado, ele voltará". (*Luz no Caminho*)

Mas junto a essa lealdade perfeita está uma completa liberdade de julgamento individual. Annie Besant disse-nos certa vez que um Adepto é, verdadeiramente, muito mais ele próprio do que um de nós o é. O Mestre é inteiramente ele mesmo e não teme dizer o que, na verdade, pensa. Disse-nos ela também que, se pudéssemos assistir a uma reunião da Fraternidade, ficaríamos pasmos com a diferença de opinião e ponto de vista dos diversos membros. Em suas conferências, os membros mais jovens falam primeiro. Apesar de suas divergências, talvez grandes, de opinião, uma vez que o plano de trabalho é decidido, todos lealmente cooperam, mesmo que não o tenham considerado o melhor. Isto aconteceu quando, em uma de suas reuniões, que, diz-se, ocorrem regularmente a cada sete anos, o Mestre K.H., apoiado pelo Mestre M., quis fazer algo especial para iluminar "as trevas do Ocidente". Nessa reunião muitos dos Irmãos sentiam que o tempo não estava ainda maduro. E, diz-nos H.P.B., um dos mais convictos dessa opinião era um Mestre inglês que, em sua vida passada, tinha sido um juiz da alta corte. O Mestre K.H escreve: "meu Irmão e eu somos os únicos na Fraternidade empenhados na disseminação de nossa doutrina". (*C.M.*) e diz também que "nenhum de nossos Irmãos Colegas, exceto M., irá ajudar-me nesse trabalho, nem mesmo nosso semieuropeu Irmão Grego" [o Mestre Hilarion]. (*C.M.*) Diz novamente que "O trabalho é mais difícil sendo eu um único trabalhador no campo". (*C.M.*) "Entretanto", escreve o Mestre M., "foi dado consentimento para a tentativa. Ficou estipulado, porém, que a experiência seria feita independentemente de nossa direção pessoal; que não haveria, de nossa parte, interferência anormal. Assim estabelecido, encontramos na América o homem mais indicado como dirigente – um homem de grande coragem moral, sem egoísmo, e dotado de outras boas qualidades. Ele estava longe de ser o melhor, mas... era o melhor que se poderia obter. [Tinha o *karma* necessário, C.C.] Com ele associamos uma mulher de dons excepcionais e admiráveis. [O corpo mais sensitivo que havia nascido no mundo todo nos últimos duzentos anos, C.C] Combinados com estes dons, ela possuía fortes defeitos pessoais, mas exatamente como era, não havia ninguém mais indicado para esse trabalho. Nós a enviamos para a América, fizemos com que eles se encontrassem e começou a tentativa. Desde o princípio foi-lhes dado entender que a continuação estava inteiramente ao encargo deles. E ambos se ofereceram para a experiência... como soldados que se apresentam como voluntários para uma causa desesperada". (*C.M.*)

O Universo é o resultado da inflexível Lei. Toda a natureza obedece a essas Leis básicas; o mundo super-humano é também obediente e fiel. Somente o homem desobedece e consequentemente colhe dor. Ele tem este privilégio, pode se tornar autoconsciente e automotivado. As leis da Natureza são os verdadeiros "Mandamentos de Deus". H.P.B. diz que elas são o "registro da Mente Divina na matéria". Essa Vontade é sempre feita no Céu, e um dia será feita na Terra, para acabar com as dores, e virá a bem-aventurança imortal.

CAPÍTULO 7

Membros da Fraternidade Relativamente Conhecidos

Houve um tempo em que o público em geral nada sabia da existência dos Homens Perfeitos. Esse tempo passou; quase todo o mundo hoje, de uma maneira ou de outra, sabe isso. H.P.B. algumas vezes lamentou ter deixado escapar seus nomes e relatos. Um vespertino de Londres fez muita zombaria sobre os "*Mahatmas*" teosofistas, como eram então chamados.

Os Adeptos mais conhecidos são os dois Mestres que inspiraram a fundação da Sociedade Teosófica, os *Mahatmas* M. e K.H. Estas são as iniciais dos nomes que eles escolheram para ser conhecidos, mas duvido que sejam seus verdadeiros nomes. Annie Besant disse-nos, em certa ocasião, que somente seus discípulos sabiam seus verdadeiros nomes, que são "palavras de força." Nos tempos antigos nenhum nome era usado descuidadamente. Um velho oráculo caldeu diz: "Nunca mude um nome, pois os nomes são dados por Deus". Frequentemente um nome é um eco longínquo do verdadeiro nome do Ego, ou Eu Imortal, que é um acorde particular na harmonia das esferas.

Pequenas referências descritivas a esses dois Adeptos ocorrem nas Cartas dos Mestres e nas obras de H.P.B. Talvez nos seja útil reuni-los todos num quadro. O Mestre K.H., por exemplo, fala do Mestre M. como "meu enorme irmão" "meu irmão amado, mas muito obstinado", "meu irmão implacável e mais do que nunca sorridente". Mas ele também se refere "a sua *aspereza* natural sempre que fala ou escreve seriamente". Provavelmente isto se devia ao fato de que o Mestre era um príncipe e pertencia a uma linhagem de grandes soldados. Ele faz, em outra carta, um admirável tributo ao caráter do Mestre. Sinnett chamou o Mestre de "camarada imperioso", e em outra carta a Hume, o Mestre K.H. escreve: "Você... dificilmente, mesmo que lhe seja possibilitado algum dia, apreciará tal caráter como o de M.: tão rigoroso com ele próprio, tão severo com suas falhas, como indulgente com os defeitos dos outros, não em palavras, mas nos sentimentos profundos do seu coração; pois, enquanto sempre pronto a dizer-lhe em sua face qualquer coisa que pensa a seu respeito, ele é seu amigo, mais firme que eu mesmo que frequentemente hesito em ferir os sentimentos de alguém, mesmo falando a mais estrita verdade." (*C.M.*)

Que o Mestre K.H. o amava e apreciava é muito claro. Diz ele a Sinnett que "Ele é melhor e mais forte que eu." (*C.M.*) O Mestre M. sabe muito pouco inglês, ele mesmo diz que "não é um letrado, como meu abençoado Irmão (K.H)". Damodar Mavalankar diz-nos "que o Mestre só detesta uma coisa na vida: escrever". Quando o Mestre K.H. se ausentou para obter a Iniciação de *Chohan*, e pediu a seu Irmão que se encarregasse de sua correspondência, o Mestre encerrou uma longa carta a Sinnett com estas palavras: "Acabo a mais longa carta que escrevi em toda minha vida; mas como faço isso por K.H. – estou contente". (*C.M.*)

H.P.B. chamava-o de "Chefe", um termo que ela aprendera com o coronel Olcott, que também falava dos Adeptos, com bastante irreverência , como "os rapazes", e o Mestre escreve: "Podemos não ser bem os 'rapazes' – para citar a irreverente expressão de Olcott...". (*C.M.*)

A primeira vez que H.P.B. viu o Mestre fisicamente foi em Londres, quando a Rainha Vitória dirigia-se de carro para abrir a primeira exposição do Império, organizada pelo príncipe consorte. Cavalgando atrás da Rainha, estava um séquito de príncipes indianos e entre eles se encontrava o Mestre M. Mais tarde ela o encontrou no Hyde Park e então começou sua grande trajetória. Um outro também o viu, embora não tenha compreendido de quem se tratava. C.W.L. estava lá, um menino de mãos dadas com seu pai, vendo passar o cortejo. Anos depois o Mestre lembrou-lhe o incidente.

Uma das melhores descrições deste Adepto é dada por Charles Johnston no relato de sua entrevista com H.P.B. em Londres. Ela lhe mostrou um retrato a óleo, feito por Herr Schmiechen sob a inspiração do Mestre, e que se encontra agora em Adyar. O Mestre K.H. disse-nos que o quadro fora pintado com a mão do Mestre (psiquicamente) na cabeça do artista e, frequentemente, em seu braço. É o quadro de maior semelhança com um Mestre que possuímos. Escreve Johnston: "Se alguma vez vi respeito e reverência genuínos numa face humana, foi na dela quando falou sobre seu Mestre. Ele era um Rajput por nascimento, disse ela, uma das velhas raças guerreiras do deserto da Índia, a nação mais refinada e bela do mundo. Seu Mestre era um gigante, pouco mais de 2 metros de altura e de esplêndida compleição; um tipo soberbo de beleza masculina. Mesmo no retrato há poder e fascínio maravilhosos; a força e a impetuosidade da face; os olhos negros, ardentes, que olham para você fora da face; as feições bem delineadas de bronze, cabelo e barba pretos – tudo mostra uma tremenda individualidade, o próprio Zeus no primor da força e do vigor. Perguntei sobre sua idade, ela respondeu: Meu querido, não posso dizer-lhe exatamente, pois ignoro. Mas isto eu conto. Encontrei-o quando eu tinha vinte anos – em 1851. Ele estava então no apogeu de sua força. Sou agora uma velha, mas ele não envelheceu nem um dia. Ele está ainda no apogeu de sua força. Isto é tudo que posso dizer. Pode tirar suas próprias conclusões."

"Teriam os *Mahatmas* descoberto o elixir da vida?" Foi-lhe perguntado. "Isso não é uma fábula", disse H.P.B.

seriamente. "É somente o véu que esconde um processo oculto real de defesa do envelhecimento e da dissolução por períodos que parecem fabulosos, assim não os mencionarei. O segredo é este: para todo homem há um período crítico, quando ele chega próximo da morte; se desperdiçou seus poderes vitais, ele não escapa; mas se viveu de acordo com a lei, ele pode atravessar e assim continuar no mesmo corpo quase que indefinidamente." (*C.W.VIII, 399-400*).

Houve um tempo, nos primeiros dias da Sociedade, quando a dúvida e o ridículo eram derramados sobre a ideia dos *Mahatmas*. Assim, dois alunos que os tinham visto fisicamente escreveram um curto relato. A descrição do Mestre M. é feita por um aspirante indiano, Ramaswamier. Ele estava tentando entrar no Tibete, vestido como um peregrino, à procura do Mestre, quando viu um cavaleiro solitário galopando em sua direção. Quando ele se aproximou, Ramaswamier reconheceu-o, e uma imensa alegria e reverência inundaram-lhe a alma. O Mestre falou-lhe carinhosa e gentilmente, dizendo que não avançasse mais, ou lhe adviriam desgostos, e que ele esperasse pacientemente se desejava tornar-se um chela aceito. Ele verificou que o Mestre conhecia pouco a língua inglesa e falou-lhe em tamil. Ele descreveu o Mestre como extraordinariamente agradável, alto e majestoso, de pele mais escura do que a do Mestre K.H., com uma barba negra e curta, e cabelo longo caindo no peito. Ele usava o manto e o gorro da seita tibetana dos Gorros-Amarelos. Por cerca de uma hora depois que o Mestre o deixou, Ramaswamier ficou parado no mesmo lugar, mudo, devido ao excesso de felicidade.

Frequentemente, ouvi C.W.L. descrever a aparência desse mesmo Adepto ao se mostrar na sacada do prédio em Adyar quando H.P.B. estava seriamente doente. O coronel Olcott, Cooper-Oakley e C.W.L. estavam sentados conversando quando o Mestre entrou caminhando rapidamente na sala, saudou-os, e foi para o quarto de H.P.B., de onde ouviram sua voz conversando com ela. Quando saiu, saudou-os mais uma vez e desapareceu. Ouviram então a voz de H.P.B. chamando a sra. Cooper-Oakley, que estivera todo esse tempo dormindo profundamente num divã, fatigada por cuidar de H.P.B. e, assim, perdendo essa grande ocasião.

Darei agora o relato nas palavras de H.P.B. "Mas eu nunca esquecerei – nem poderia se quisesse – esquecer aquela memorável noite durante a crise de minha doença, quando o Mestre, antes de cobrar uma certa promessa, revelou-me coisas que eu deveria saber, antes de dar-lhe minha palavra para o trabalho que me *pedia* para fazer (embora tivesse direito, ele não ordenava)." Penso que foi nessa ocasião que o Mestre perguntou-lhe se ela preferia descansar, ou viver mais alguns anos e executar mais um trabalho para ele. E nesses anos ela escreveu *A Doutrina Secreta*. Sua completa devoção era preponderante. Ela escreve em uma carta: "Com todas as minhas falhas, tenho a proteção do Mestre, pela seguinte razão: por trinta e cinco anos ou mais, desde 1851, quando, pela primeira vez, vi o Mestre física e pessoalmente, nunca o neguei ou duvidei dele, nem mesmo em pensamento". O laço entre o Mestre M. e H.P.B. foi formado há muito tempo na antiga Atlântida. Em vidas passadas este Mestre tinha sido muitas vezes um Rei ou um grande soldado. Uma vez foi o famoso Faraó Egípcio, Ramses, o Grande. Um ponto curioso sobre este Mestre é nunca ter sido mulher em todas as suas encarnações – um fenômeno muito raro na evolução.

O laço entre o Mestre M. e K.H. é extraordinariamente profundo e admirável. Foi formado eras atrás, quando a alma do Mestre K.H., encarnada em corpo físico feminino, teve uma personalidade que foi inclusive esposa do Mestre M. O Mestre M. fala de seu Irmão em termos muito tocantes e com muita ternura. Mais de uma vez ele fala "meu Abençoado Irmão"; ele diz a Sinnett que "deve haver algo em você visto que é capaz de apreciar meu amado amigo e irmão... Abençoado é quem conhece Koothoomi e abençoado é quem o aprecia." (*C.M.*) E "os desejos de K.H. são lei para mim". E quando se encarrega da correspondência do Mestre K.H., durante o "retiro" do seu irmão, ele o menciona como "meu irmão, a luz de minha alma". (*C.M.*)

O Mestre K.H. é talvez o mais conhecido de todos os Adeptos no mundo ocidental. Ele não somente fala bem inglês, mas também francês. Ele algumas vezes faz citações em francês, em suas cartas, e o Mestre M. chama-o de "afrancesado" e, penso, ele sabe alemão também. No ano de 1847, seu tio (a quem ele menciona em uma carta como o tendo salvo de uma tentação) enviou-o a Oxford, onde estudou por algum tempo no Queen's College. Ouvi, também, embora não possa garantir a veracidade desta história, que, naquela época, não era permitido aos estudantes indianos residirem na faculdade, assim o Mestre – ele possivelmente ainda não tivesse chegado completamente ao Adeptado – residia na casa de uma piedosa senhora escocesa que fez o possível para converter aquele "pobre pagão". Depois ele viajou pela França e Alemanha e, quando eu estava na Nova Zelândia, há muitos anos atrás, David Burns mostrou-me uma carta velha e desbotada, escrita em alemão, de um homem que tinha uma loja de livros usados em Leipzig, descrevendo como o Mestre entrou em sua loja, sentou-se e conversou com ele por um bom tempo. Gostaria de saber onde essa carta está agora.

Tendo ele visto o Ocidente tão por dentro, penso sempre que o Mestre K.H. foi o verdadeiro e principal inspirador da Sociedade Teosófica. Em suas cartas ele parece muito empenhado em seu sucesso. Ele chama o propósito fundamental da Sociedade Teosófica "a causa para a qual vivo" (*C.M.*), "aquela Batalha da Luz contra as Trevas". (*C.M.*) Ele agradece a Sinnett muitas vezes "pelo impulso que pessoalmente deu à Causa que amamos" (*C.M.*) e chama os membros da Sociedade de soldados de uma "causa desesperada". (*C.M.*)

Alguns anos depois o Mestre príncipe Rákóczy começou a se interessar pela Sociedade Teosófica, e a ele se reuniu o Mestre Jesus, que é seu cooperador no Ocidente. E, alguns anos depois, como nos foi contado por Annie Besant, toda a Fraternidade adotou formalmente a Sociedade como instrumento especial em seu trabalho.

O Mestre K.H. usa um corpo indiano de Cachemira. Estes são de cor clara, sendo arianos que viveram por gerações no calor da Índia. Frequentemente, como o Mestre, eles têm olhos azuis. Ele é alto e delgado, caminha com passos rápidos e tem uma voz sonora. H.P.B., escrevendo a Sinnett sobre dois dias durante os quais lhe fora permitido mais uma vez visitar alguns dos Adeptos no Norte da Índia, diz: "Oh aqueles abençoados dois dias! Era como nos velhos tempos quando o urso* me visitou. A mesma espécie de cabana de madeira, uma caixa dividida em três compartimentos para quartos e erguida numa floresta sobre quatro pernas de pelicano; os mesmos chelas amarelos deslizando sem ruído; o mesmo eterno som de "glu-glu-glu" saindo do inextinguível cachimbo de meu mestre [não é de tabaco, C.C]; a mesma voz doce e familiar de K.H. (cuja voz é ainda mais doce e a face ainda mais fina e mais transparente), a mesma mobília no mesmo ambiente – peles, almofadas de cauda de iaque e pratos para sal, chá, etc... Enviada por eles, fui a Darjeeling, 'fora do alcance dos chelas, que poderiam se apaixonar por minha beleza', disse meu gentil chefe... O chefe envia-lhe seu afeto. Vi-o na noite passada na casa do Lama",** (como foi dito acima, H.P.B. chamava o Mestre M. de seu "chefe", C.C).

Em outra carta a Sinnett, ela lhe relata um sonho vívido ou uma visão que teria tido: "Fui dormir e tive a mais extraordinária visão. Em vão eu tinha chamado os Mestres – que

---

* *Urso* – Expressão coloquial afetiva de H.P.B., provavelmente referindo-se a seu Mestre. (N.ed. bras.)

** *The Letters of H.P. Blavatsky to A.P. Sinnett*, Carta XIX, pp. 38-9. (N. da autora.)

não vieram durante meu estado de vigília, mas depois, enquanto dormia, eu os vi a ambos. Eu estava outra vez (uma cena de anos atrás) na casa do *Mah*. K.H. Estava sentada numa almofada num canto, e ele andava na sala em seus trajes de cavalgar, e meu Mestre estava falando com alguém por trás da porta. '*Eu não posso me lembrar*' – pronunciei em resposta a uma pergunta sobre uma tia morta. Ele sorriu e disse: "inglês engraçado o que você usa". (O inglês de H.P.B. não era bom no princípio e tinha um sotaque do Yorkshire, adquirido de uma governanta proveniente do Yorkshire, C.C). Senti-me então envergonhada, atingida em *minha vaidade*, e comecei a pensar (em meu *sonho* ou *visão*, que era a reprodução *exata* do que tivera lugar, palavra por palavra, há 16 anos atrás), 'agora estou aqui falando *somente inglês* em linguagem verbal fonética, talvez possa aprender a falar melhor com Ele.' (Para tornar as coisas mais claras com meu Mestre, eu também usei inglês, o qual, bom ou ruim, era o mesmo para Ele, posto que não fala, mas compreende todas as palavras que estão na minha cabeça; e eu sou levada a compreendê-lo – *não sei como* explicar isso, ainda que me matassem eu *não saberia explicar*, mas eu conseguia compreender tudo. Com D.K. eu também falei inglês. Ele o fala melhor que o *Mah*. K.H.).

"Então, ainda em meu sonho, *três meses depois*, como fui levada a sentir nesta visão – eu estava diante do *Mah*. K.H., próximo a um antigo edifício demolido que ele estava olhando, e como o Mestre não estava em casa, fui até a casa de sua irmã e levei-lhe umas poucas sentenças que estava estudando em Senzar [a linguagem sagrada trazida de Vênus, e da qual o sânscrito, o "devanagari", é derivado, C.C]. Então lhe perguntei se eu tinha traduzido corretamente – e dei-lhe uma tira de papel com as sentenças escritas em inglês. Ele as pegou, leu-as, corrigiu a interpretação, leu-as novamente e disse: 'Agora seu inglês está melhorando – *tente tirar de minha cabeça o pouco que sei desta língua'*. E ele pôs sua mão em minha testa, na região da memória, e aí comprimiu seus dedos, (e eu senti mesmo uma ligeira dor e um tremor de frio) e desde então Ele assim fez com minha cabeça diariamente por cerca de dois meses. Mais uma vez a cena mudou e estou partindo com o Mestre que está me enviando de volta à Europa. Estou dizendo adeus à sua irmã, ao filho dela e aos chelas. Ouço o que os Mestres me dizem. E então chego às palavras de despedida do *Mah.* K.H. rindo para mim como sempre fez e dizendo: 'Muito bem, se você não aprendeu muito das Ciências Sagradas e do Ocultismo prático – *e quem poderia esperar isto de uma mulher* – você aprendeu razoavelmente um pouco de inglês. Você agora fala *só um pouco pior que eu!'* e ele riu." (*C.M.*)

O Mestre K.H. é também descrito por Damodar Mavalankar: "Aqui", ele escreve, "vi diante de mim um homem vivo, as mesmas feições, embora mais imponente em sua aparência geral, maior do que mostrava o retrato que Blavatsky possuía. Eu tive a boa sorte de ser enviado e ter a permissão de visitar o *Ashram* sagrado, onde permaneci alguns dias na companhia abençoada de diversos dos muitos duvidados *Mahatmas* do Himavat e seus discípulos. Lá encontrei não somente meu amado Guru-Deva e o Mestre do coronel Olcott, mas também diversos outros membros da Fraternidade; vi meu bem-amado Guru não somente como um homem vivo, mas verdadeiramente como um jovem, em comparação com alguns outros na companhia abençoada, e mais gentil e não se colocando acima de uma observação alegre e, por vezes, de uma conversa casual".

H.P.B. outra vez escreve sobre alguém que chamou os Irmãos e K.H. de egoístas, "Oh! Jesus! ele chamou K.H., o maior, o mais nobre, o mais puro dos homens – de egoísta! Alguém mais verdadeiro e melhor do que ele nunca existiu fora dos muros do seu *Ashram*; jovem como é, poderia ser *Chohan* e perfeito *Bodhisattva* há muito tempo não fosse por sua piedade divina pelo mundo". Diz ela mais uma vez: "K.H. é demasiadamente bom, muito humano e delicado em demasia, e isto pode ser sua ruína". E continua: "É o *karma* do *Mahatma*. Se você nunca pensou sobre o que possa ser seu sofrimento nos intervalos *humanos* de sua condição de *Mahatma*, então tem ainda algo a aprender. 'Você foi advertido', disse a Ele seu *Chohan* – e Ele respondeu – 'Eu fui'. Entretanto, diz ele que está contente. Ele ainda não é um *Mejnour* [personagem do romance *Zanoni* de Bulwer Lytton, C.C.], nem uma planta seca, e se ele tivesse que sofrer mais e mais vezes – ele faria isso, pois sabe que um verdadeiro benefício advém de todo este sofrimento pela humanidade".

O que não podemos compreender por completo é quanto um Adepto tem que pagar pelos erros de seus discípulos, ou pelos desvios de qualquer causa ou movimento que ele tenha iniciado ou inspirado. Assim ele escreve em uma carta: "*Alguém* deve pagar um preço por tudo e por toda verdade e, neste caso, nós pagamos". (*C.M.*) Por nossos desacertos, nossa cegueira, nossa infidelidade, o Mestre, especialmente K.H. a quem competiu a primeira movimentação neste trabalho, tem que pagar o preço. H.P.B. escreve: "Você diz que perdeu dinheiro... Todos nós perderemos mil vezes mais, se falhar a última e suprema tentativa de K.H., pois estamos certos de, neste caso, perdê-lo. Isto eu *sei* e você deve estar preparado, ele nunca mostrará sua face nem irá se comunicar com qualquer um de vocês... Ele irá se refugiar no desconhecido e no esquecimento, você não sabe como ele sente – eu *sei*. Ele nunca me disse uma palavra sobre sua carta mas seu *alter ego*, D.K. *disse*, e é o que estou lhe contando agora".

O Mestre, em vidas passadas, foi muitas vezes um sacerdote ou um professor. Em uma, foi o grande sábio Pitágoras, nascido em Samos, na Grécia, no século VI a.C. Ele foi para o Egito e lá foi iniciado, permanecendo em Mênfis e Tebas por vinte e dois anos. Aí foi feito cativo por Cambises* e levado para a Caldeia. Mais tarde visitou a Índia. Quando voltou, abriu uma Escola Oculta, primeiro em Samos, depois

* Cambises – Rei da Pérsia, filho de Ciro o Grande. Cambises reinou de 529 a.C. até sua morte em 522 a.C. (N. ed. bras.)

em Crotona, na Sicília, onde tinha uma fraternidade com cerca de 300 pessoas. Essa Escola era em parte filosófica e, parcialmente, uma ordem religiosa. Ele pregou que o Estado existe para o benefício do governado. Afirmativas como esta despertaram hostilidade política, e sua colônia foi cercada e incendiada. Pitágoras fugiu e morreu com a idade de mais de oitenta anos. Ele afirmava ter sido Euforbus na guerra de Troia, e inspirou uma série de aforismos chamada *Os Versos de Ouro*.

Pitágoras casou-se com uma sacerdotisa de Apolo, e sua filha Damos preservou seus escritos. Ensinou a virtude pública com especial referência aos relacionamentos privados e públicos e aos deveres, e aos seus discípulos deu instrução longa e impôs severa disciplina. Os neófitos guardavam silêncio por dois anos, e um dito comum entre eles era *ipse dixit*, "ele mesmo disse". Ensinou-lhes a estudar a natureza e os princípios fundamentais. Pitágoras considerou a música não somente como uma arte, mas também como uma ciência aliada à astronomia, dizendo que o movimento dos planetas produziam sons. Ensinou a reencarnação, o aperfeiçoamento do homem, a existência da Fraternidade e que a "virtude" era a harmonia com Deus. Seus seguidores eram notados por seu autocontrole, pureza de coração, escrúpulo e vida limpa. A palavra de um pitagórico era um sério compromisso.

O Mestre foi também um sacerdote no templo em Agadé, na Grécia, onde Annie Besant era a principal Virgem Vestal, e mais tarde ainda flâmine de Júpiter em Roma. Na Roma primitiva, durante a República, o sacerdócio era uma corporação de grande poder. Seu centro era o Colégio dos Pontífices (construtores de pontes), encarregado da administração do *Jus Divinum*, lei civil regulando as relações da comunidade com os deveres reconhecidos oficialmente. Seu oficiante principal era o *Pontifex Maximus*, um título conservado hoje pelos Papas. Os flâmines e as Virgens Vestais, todos escolhidos pelo Chefe, tinham seus cargos por toda a vida. Os chamados *Flamen Dialis* eram considerados pessoas sagradas. Eles tinham o direito, às vezes exercido também pelas Virgens Vestais, de revogar a sentença de um criminoso se o encontrassem no caminho da execução, ou pelo menos de adiá-la por aquele dia. Seu casamento durava a vida inteira, sendo sua mulher sua colega sacerdotisa. A flamínica Dialis ajudava seu marido nos deveres religiosos e, quando ela morria, ele tinha que renunciar. Aquela foi também uma vida na qual o Mestre encontrou uma encarnação passada de Sinnett. Em uma de suas cartas o Mestre faz uma alusão a este fato a Sinnett. O Mestre escreve: "A.P. Sinnett *não* é uma invenção absolutamente nova. Ele é filho e criação de seu eu pessoal antecedente; o produto cármico, saiba ou não, de Nonius Asprena, Cônsul do Imperador Domiciano (94 d.C.) junto com Arricinius* Clementus, e amigo do *Flamen Dialis* daquela época (o sumo sacerdote de Júpiter e chefe dos Flâmines) ou do próprio Flâmine – o que explica o súbito desenvolvimento do amor de A.P. Sinnett pelo misticismo".

H.P.B. menciona o Mestre como usando trajes de equitação. Ele cavalgava com frequência e possuía um cavalo baio. Ele conta que, de certa feita, ficou nove dias em sua cela, e, em outra ocasião, ficou "fisicamente muito cansado, pois cavalgou 48 horas consecutivas". No pequeno quadro pintado pelo Mestre D.K. para H.P.B., do vale onde os Mestres M. e K.H. vivem e que presentemente está em Adyar, o Mestre M. pode ser visto à esquerda, montado num cavalo.

O Mestre Djual Khool, quando os líderes teosóficos o conheceram, era o principal discípulo do Mestre K.H. Mas ele alcançou a Iniciação *Aseka* logo depois e é agora o principal ajudante Adepto do Mestre. Como ele era um tibetano de idade bastante avançada quando alcançou esses graus, seu

---

* Deve tratar-se de Clemens Arretinus, segundo a 3ª edição das *Cartas dos Mahatmas.* Veja *Mahatma Letters,* 3ª edição, TPH, Índia, Carta 23-B, pergunta 21-b, pp. 171-172. Esta Carta aparece como Carta 93-B na Edição Cronológica das *Cartas dos Mahatmas.* (N. ed. bras.)

rosto está um tanto enrugado. Ele foi quem primeiro abordou o assunto dos Sete Grandes Raios ou Linhas de Evolução para C.W.L. e outros em Adyar. Quando ouvi sobre eles pela primeira vez, era um grande segredo, mas esse conhecimento agora é público. Mas evidentemente o Mestre K.H. mencionara os raios antes, pois numa carta a Sinnett ele diz: "Dividimos os minerais (bem como os outros reinos) de acordo com suas propriedades ocultas, isto é, segundo a proporção relativa dos sete princípios universais que eles contêm... Eu lhes recomendaria estudar com perfeição os sete princípios do homem, e assim dividir as grandes classes dos minerais correspondentes. Por exemplo, o grupo do sedimentário corresponderia ao componente (falando quimicamente) do corpo do homem ou seu primeiro princípio; o orgânico ao segundo (alguns o chamam terceiro) princípio ou *jiva,* etc. Vocês devem usar suas próprias intuições a respeito". (*C.M.*)

Os Sete Raios são relacionados aos Sete Princípios do homem. É muito difícil determinar o Raio fundamental do homem enquanto ele não avançar no Caminho, onde se mostre o arranjo das cores no Corpo Casual. Temos todos os Raios em nós; um é a nota-chave e há também um Raio secundário, como a nota-chave e a subdominante da escola musical. Outro fator a ser considerado é que, embora o Ego apareça no esquema evolutivo sob um Raio e aí permaneça o tempo todo, a menos que decida mudar, seus princípios inferiores podem corporificar uma predominância de outros Raios. Assim um Ego do Segundo Raio pode temporariamente animar um corpo do Primeiro Raio, etc. Isso provavelmente explica os elementos contraditórios observáveis em algumas pessoas, pois alguns Raios são mais simpáticos entre si que outros. O Adepto seguinte a se interessar pela Sociedade Teosófica foi o Mestre príncipe Rákóczy que, diz-se, vive em algum lugar na Transilvânia. Ele é o "Regente" da Europa e da América do Norte, o que significa que ele supervisa especialmente o desenvolvimento político e social dos países destas regiões. Trabalhando com ele está o Mestre Jesus, que tem a seu cargo todos os ramos da Igreja Cristã. Frequentemente eles são vistos juntos. Sabemos mais sobre as vidas passadas do Mestre príncipe do que dos outros. Ele viveu no século XIII como o monge Roger Bacon, um cientista que fez notáveis profecias. "São possíveis máquinas para navegar sem remos, de modo que podem criar-se grandes navios apropriados para rio ou oceano, dirigidos por um homem, dotados de maior velocidade do que se estivessem cheios de homens remando. Do mesmo modo podem ser feitos carros que se movam sem tração animal. São possíveis máquinas voadoras, de modo que um homem sentado em seu meio usa um dispositivo pelo qual asas artificiais batem no ar como se fossem um pássaro voando". H.G. Wells escreveu a respeito dele: "A longo prazo, Roger Bacon foi mais importante para a humanidade do que qualquer monarca de seu tempo".

No século XIV, ele apareceu como Christian Rosenkreutz, um nobre alemão que, inspirado por uma ambição de reformar o mundo, empregou grande parte de seus dias entre os brâmanes, em Jerusalém, Damasco e Egito, procurando a Sabedoria Antiga. Voltando para a Alemanha, fundou a Ordem Rosa Cruz, uma ordem secreta, no princípio composta de uns poucos membros, reunindo-se numa casa construída por ele próprio, chamada a Casa do Espírito Santo. Ele desapareceu e, dizia-se, tinha morrido, mas havia também outras versões.

Ele reapareceu no século XV como o grande chefe militar e Regente (ele recusou ser feito Rei) Hunyadi Janos. Expulsou os turcos da Hungria e, ainda hoje, é considerado como um dos heróis nacionais. O grande castelo que construiu em Vadja Hunyad permanece hoje intacto, preservado como monumento nacional. (Eu e um grande número de pessoas arrendamos um trem especial que nos levou lá, após um Congresso Europeu em Viena, há muitos anos, com Annie Besant. Os camponeses dos arredores alinharam-se ao longo da ponte levadiça para dar-lhe as boas-vindas. No interior da entrada há uma porta pequena. Há uma tradição entre os camponeses de que, na festa de S. Miguel e Todos os Anjos, essa porta é misteriosamente aberta, ouvindo-se um som musical, embora não haja aí um órgão.) Hunyadi morreu da praga no campo. Ele foi descrito por seus contemporâneos como a encarnação da cavalaria cristã, de transparente integridade e nobreza de caráter, um grande estadista e também um herói.

Em uma das suas encarnações mais importantes, ele nasceu no século XVI como Francis Bacon*, talvez o maior gênio visto no cenário mundial. (Diz-se que nessa encarnação ele atingiu a Iniciação de *Arhat*, a quarta, e, nas subsequentes, o nível de Adepto). Ingressou na Universidade de Cambridge aos treze anos, fez progressos tão espantosos que, aos dezesseis, escreveu contra a filosofia aristotélica que, na época, dominava a escolástica. Um idealista desde sua infância, escreveu o que pensava sobre si mesmo: "nascido para ser de proveito para a humanidade". Numa carta ao seu tio escreve: "Tomei todo o conhecimento como minha província; gostaria de expulsar daí duas espécies de presenças indesejáveis, sendo uma a das discussões frívolas, dos cálculos e das verbosidades, e a outra a dos experimentos às cegas, das tradições orais e imposturas, que fizeram tantos estragos; e gostaria de trazer observações produtivas, conclusões fundamentadas, invenções e descobertas proveitosas – a melhor região dessa província".

A ideia de atuar em benefício da raça humana através da descoberta da verdade foi combinada nele com o desejo prático de servir a seu país e fazer alguma coisa pela Igreja. A constante luta por essas três finalidades é a chave da vida de Bacon. Seu intelecto era de grande alcance, agudo, rápido, prudente, meditativo, metódico, livre de preconceito e combinado com uma disposição amável. Além de seus ensaios, cheios de sabedoria vigorosa, sua principal contribuição para a humanidade são os famosos dramas de Shakespeare. A evidência de que, na realidade, ele é o autor é para mim tão esmagadora que eu não a discutirei aqui, mas direi somente que

---

* Francis Bacon viveu de 1561 a 1626. (N. ed. bras.)

os dramas são, eles próprios, cheios de conhecimento oculto, sabedoria erudita e familiaridade com as cortes reais. Ele esteve na Corte da França por algum tempo, e é mais que provável que tenha se apaixonado pela Princesa Margarida de Valois, que mais tarde veio a ser a Rainha de Navarra e, para quem, provavelmente, muitos dos sonetos foram escritos.

A acusação de suborno feita contra ele, na época do Rei James, foi uma conspiração de seus inimigos para arruiná-lo. Em sua última carta, deixada após sua morte, ele escreveu que tinha "tentado transmitir ao povo sabedoria em roupagem desprezível", uma clara referência aos dramas. Ele foi o verdadeiro fundador da Francomaçonaria moderna, pela qual, entre outros objetivos, estou certa, tentou indicar a forma ideal de Governo.

Sua última encarnação conhecida incluiu seu aparecimento na corte de Luís XVI, em 1743. Ele se apresentava como Conde de St. Germain, mas ninguém sabia de onde viera ou como vivia. O nome que ele deu a si mesmo é a tradução francesa do latim que significa "Irmão Santo." Ele era amigo pessoal do Rei e da infortunada Maria Antonieta. Há muitas fábulas sobre ele, algumas de natureza caluniosa. O melhor relato sobre ele é *A Vida do Conde de St. Germain*, de Isabel Cooper-Oakley. A maior parte foi compilada das memórias da condessa d'Adhémar, dama de companhia da Rainha. Ao que se dizia ele era de aparência nobre e distinta, e possuía muitos dons, entre os quais falar cinco línguas perfeitamente. Tinha também grande reputação como alquimista e médico. Suas refeições eram sempre feitas sozinho, e ia a qualquer banquete se lhe fosse permitido não compartilhar de qualquer coisa.

A condessa assim o descreve em suas memórias: "Seu semblante chocava ao primeiro olhar. Seu cabelo era negro, seu olhar suave e penetrante. Oh! Que olhos! Nunca vi outros iguais. Ele aparentava cerca de 40 ou 45 anos." Mas uma senhora idosa na corte reconheceu-o como o mesmo de quarenta anos passados quando ela o encontrara em Veneza. Ele tentou salvar Maria Antonieta de seu destino iminente, mas ela não o ouviu. A condessa escreve que ele saiu da sala da Rainha com um aspecto muito triste e sério e disse-lhe: "Só mais uma vez poderá me ver e então vou desaparecer por uma centena de anos". A última vez em que a condessa o viu, ele estava em pé, disfarçado no meio da multidão, olhando Maria Antonieta, que ia para a execução; ela olhou através da multidão e, no outro lado, estava o Mestre. O Mestre K.H. menciona este Adepto em uma de suas cartas a Sinnett. Ele tinha falado de Eliphas Lévi e sua *Haute Magie* e escreveu: "Eliphas estudou nos manuscritos rosacruzes (reduzidos agora a três cópias na Europa). Esses escritos expõem nossa doutrina oriental a partir dos ensinamentos de Rosencrauz que, ao voltar da Ásia, revestiu-os de aparência semicristã como um escudo para seus alunos contra a hostilidade clerical. É preciso ter-se uma chave para eles e esta chave é uma ciência *per se*. Rosencrauz ensinou oralmente. St. Germain registrou as boas doutrinas em forma velada, e seu único manuscrito não cifrado ficou com seu leal amigo e benfeitor, o benevolente príncipe alemão de cuja casa e em cuja presença ele fez sua última retirada – para o seu LAR". (*C.M.*)

Este era o Landgrave de Hesse, que foi um de seus discípulos e que escreveu sobre St. Germain: "Ele foi talvez um dos maiores filósofos que viveram. Um amigo da humanidade, desejava dinheiro somente para dá-lo aos pobres; um amigo dos animais, seu coração somente se ocupava com a felicidade dos outros".

Ele tinha muitos discípulos, entre os quais o famoso Conde Cagliostro, o fundador do Rito Egípcio esotérico. Este Rito ainda é praticado em alguns lugares, pois, há muitos anos, em minha primeira viagem à Índia, encontrei um membro deste Rito que me revelou um pouco sobre ele. Tive sempre a impressão de que Benjamin Franklin fosse outro discípulo, talvez sem perceber, pois há uma tradição de que o Mestre teve algo a ver com a feitura da Carta da Liberdade

Americana. E Franklin escreveu seu próprio epitáfio claramente mostrando sua crença na reencarnação. Aqui está:

"O Corpo de Benjamin Franklin, impressor,
Como a capa de um velho livro,
Com seu conteúdo gasto
E já sem seus títulos dourados
Aqui jaz, como alimento para os vermes.
Mas o trabalho não estará perdido,
Pois ele, acredito, reaparecerá mais uma vez
Numa edição nova e mais elegante,
Revista e corrigida pelo Autor."

Cogito também se o Mestre Rákóczy era o misterioso Arquiduque João, que desapareceu durante ou depois da guerra, no mar, como se disse. Em certa ocasião li as memórias de uma das Arquiduquesas da Áustria, e ela descreve uma missão misteriosa de que ela se encarregou para ele. Disse-lhe que iria desaparecer, mas que voltaria quando necessário à sua pátria. Havia uma fotografia num velho exemplar do *Illustrated London News*, do Imperador Francisco José, lavando os pés de doze pobres na Quinta-Feira Santa. Ao seu redor estava a corte, entre eles dois Cavaleiros de Malta (dos quais o Mestre fora uma vez Grão-Mestre como Conde Hompesch) em suas vestes brancas. O Mestre claramente se distingue como um deles.

Seu grande confrade, o Mestre Jesus, diz-se, agora vive entre os drusos, no Monte Líbano. Os drusos são uma corporação mais ou menos secreta e têm mosteiros em lugares muito inacessíveis. Eles têm uma fé secreta, um tanto ligada ao Cristianismo, acreditando que as manifestações divinas vêm em intervalos. Eles se abstêm de vinho e fumo. Há um retrato deste Mestre, precipitado por H.P.B., que agora está numa parede em Adyar.

Em vida, depois de ter sido veículo do Cristo – o Instrutor Mundial – ele renasceu como o milagroso Apolônio de

Tyana. Diz-se que ele operou ressurreições. Seus pais eram de uma família tradicional e com fortuna considerável. Ele evidenciou, desde tenra idade, uma mentalidade poderosa, aliada a uma notável beleza física. Na idade de quatorze anos foi enviado a Tarsus, na época um famoso centro de estudo. Daí foi para Aegea onde ficou entre os alunos das Escolas Gregas de Filosofia, mas foram os ensinamentos de Pitágoras que mais profundamente o fizeram vibrar. Viajou muito e, diz-se, foi iniciado nas escolas místicas da Índia. No século V, Hierocles tentou provar que suas doutrinas e sua vida eram de mais valor que a de Cristo. (Voltaire tinha opinião semelhante, e assim também era a do elisabetano, Charles Blount.)

O "semieuropeu, Irmão Grego", o Mestre Hilarion, ajudou muito o trabalho dando, através de Mabel Collins, o preciosíssimo livro *Luz no Caminho*. O livro contém seus próprios comentários (bem como os do Mestre Veneziano), escritos quando o Mestre era Jâmblico, o neoplatônico*. Ele também inspirou o admirável *Idílio do Lótus Branco*, que é mais ou menos a história de seu próprio passado no antigo Egito.

Os Adeptos pertencem a muitas nacionalidades. Há dois ou três usando corpos ingleses. O Mestre K.H. disse a Sinnett que "há um grupo definido em nossa Fraternidade que ajuda em nossos contatos casuais e muito raros com outras raças e sangue e que trouxe à cena o Capitão Remington e outros dois ingleses, no decorrer deste século". (*C.M.*) Há um que se assina "Robert More" em uma carta, junto com dois outros Adeptos, ao coronel Olcott. Esses três parecem pertencer a outro Centro de Fraternidade, no Egito. Em uma carta o Mestre K.H. diz: "Há mesmo, atualmente, três centros de Fraternidade Oculta em existência, distantes geográfica e *exotericamente* – sendo a verdadeira doutrina esotérica idêntica em substância, embora diferindo em termos; todas alme-

---

* Jâmblico foi também um grande pitagórico, assim como a maior parte dos chamados neoplatônicos. (N. ed. bras.)

jando o mesmo objetivo grandioso, mas nenhuma concordando nos detalhes operacionais". (*C.M.*) Dois dos Mestres ingleses, diz-se, são reencarnações de *Sir* Thomas More, virtuoso e sábio ministro de Henrique VIII, que sofreu o martírio, mas não abjurou seus princípios; e do poeta Henrique Vaughan, autor de alguns belos poemas místicos. Alguns pensam que em uma encarnação anterior o Mestre Veneziano, Senhor do Terceiro Raio, tenha sido Paulo Veronese, o famoso artista e pintor retratista.

Nem sempre reconhecemos que cada Raça-Raiz produza seu próprio tipo de Adeptos. Nossos Mestres são Adeptos da Quinta Raça, mas os Adeptos de Quarta Raça ainda existem. Quando a Fraternidade decidiu fazer um esforço especial para o fim do século XIX, no sentido de combater o crescente materialismo e superstição ocidentais, os Adeptos da Quarta Raça, que têm seus centros nas Américas, concordaram também em ajudar, e é em grande parte devido a sua inspiração que o movimento espiritualista começou. Posto que os peles-vermelhas estão entre os últimos sobreviventes da que foi outrora a mais poderosa raça da antiga Atlântida, muitos dos Espíritos-guias eram peles-vermelhas. Os toltecas, um dos povos da quarta raça, colonizaram o Egito e construíram as pirâmides e a Esfinge.

H.P.B. disse certa vez que ela tinha em mente um terceiro volume de *A Doutrina Secreta* traçando as vidas dos grandes Iniciados, através dos séculos. Ela mencionou alguns conhecidos na história: São Paulo, Platão, Paracelso, Van Helmont, Pico Della Mirandola. Mas ela não viveu o suficiente para realizar isso.

Os Mestres sempre encontraram pessoas a quem puderam ensinar. Ninguém tem sido omitido. C.W.L. contou-nos que nos primeiros tempos de seu próprio discipulado, ele tinha um grande amigo no Ceilão, o sumo sacerdote Sumangala, que era um homem tão santo e tão bom que ele pensou que o Mestre certamente o tinha esquecido. Foi então falar sobre ele com o Mestre, mas depois disse que nunca o teria feito se soubesse mais. Ele se atreveu a sugeri-lo ao Mestre, que sorriu e o levou a um alto plano de consciência que ele nunca teria atingido por si mesmo. Nele podemos ver simbolicamente todas as almas dos homens como as hostes das estrelas da noite. Quando uma estrela brilha mais que as outras, o Mestre investiga, talvez a observe por uma vida ou duas. Segundo ele próprio disse: "Sempre encontraremos voluntários para substituir as sentinelas cansadas". (*C.M.*) Um dos fatores da escolha é o elo imperecível formado em vidas passadas. Alguns desses serão considerados no próximo capítulo.

Embora não fosse um Adepto, H.P.B. era um chela iniciado, e parece-me apropriado encerrar este capítulo com três descrições dela feitas por aqueles que a conheceram pessoalmente. A primeira é de Charles Johnston, um orientalista que traduziu escrituras sânscritas para o inglês. "Há algo em sua personalidade, seu porte, a luz e força de seus olhos, que falam de uma vida mais profunda e mais ampla, não necessitando de pequenos milagres que a certifiquem, porque esse algo é em si mesmo miraculoso. Esta era a sua maior característica, e com ela estava sempre presente essa sensação de um mundo maior, de forças mais profundas, de um poder invisível. Para aqueles que estavam em harmonia com sua genialidade poderosa, isso vinha como revelação e incentivo para o caminho indicado por ela... Quando a última palavra tenha sido dita, ela terá sido maior do que quaisquer de suas obras, mais cheia de força vital do que seus maravilhosos escritos... Mais perfeita que tudo, sua vontade dava-lhe um sentido, uma convicção de imortalidade. Sua simples presença mostrava o vigor de sua alma. Esta sensação de poder da individualidade não era o que se tem na presença de alguma grande personalidade, que domina e reduz as circunstâncias a nada... Era antes a sensação de uma realidade inerente... um espírito edificado nas profundezas da natureza e atingindo as eternidades primitivas da Verdade... Outro lado... que se desenvolvia mais lentamente – a grande e penetrante percepção de sua alma. Diante dela, uma pessoa ficava aquietada, por assim dizer, pela sua maneira compreensiva de ser, e tranquilizada pela sensação de força e equilíbrio... até que alguma súbita mudança de pensamento ou de sentimento fizesse com que os seus olhos se abrissem, e a pessoa reconhecesse a presença de um habitante da eternidade... Com vigor sem igual afirmou a alma; com energia transcendente ela ensinou a realidade do espírito, vivendo a vida e manifestando as energias de um imortal. Ela se colocou com força torrencial contra as escuras e nocivas nuvens do mal e da ignorância que envolvem e envenenam a vida humana. As aberturas na massa densa, através e acima da qual captamos um vislumbre do azul, testemunham a grandeza do poder que as produz. Ela era uma personalidade de tal magnitude, que podia dividir o mundo em seus aderentes e seus oponentes, não deixando ninguém indiferente entre estes dois extremos; a prova da força de sua natureza é a animosidade feroz de seus inimigos e o amor devotado de seus amigos. Um espírito imortal, ela tinha a coragem de viver como um espírito imortal... Ela conquistou perpetuamente seu lugar nas realidades de natureza espiritual... e esse poder dominante e essa luz interior clara uniam-se a uma natureza de admirável ternura e delicadeza, e absoluta capacidade de esquecimento e perdão do erro. Nada nela era mais notável, nada mais verdadeiramente a caracterizava como eleita do que a grande humildade de seu caráter... Esta humildade não era mera exibição... mas a profunda e sincera expressão de sua própria natureza... Alguém que tivesse estado ao seu lado, tão calma e imóvel na morte, não poderia acreditar que aquela esplêndida força tivesse cessado de existir... que um poder como o dela não seria anulado pela morte, que uma grande alma como a dela nunca teria deixado de existir."

Agora um tributo de seu colega e cofundador, coronel H.S. Olcott. "Que ela foi grande no sentido do completo altruísmo de seu trabalho público é indiscutível; em suas ocasiões de exaltação era tomada do profundo desejo de espalhar conhecimento e executar as tarefas do Mestre. Ela nunca vendeu sua rica reserva de conhecimento oculto por dinheiro, nem negociou instrução por vantagem pessoal. Ela avaliava sua vida como nada, comparada com o serviço, e a daria de boa vontade como qualquer mártir religioso, se a ocasião requeresse o sacrifício. Essas tendências e traços característicos ela trouxe de uma longa linha de encarnações, na qual ela (e alguns de nós) estivemos empenhados em serviço semelhante; foram os aspectos de sua individualidade elevada, nobre, idealmente leal, digna, não de ser adorada – pois nenhum ser humano deve ser causa de adoração subserviente – mas de aspiração de ser igual."

E, finalmente, o tributo do Mestre K.H. Ele explica os caminhos estranhos e a natureza excitável de H.P.B., contando a Sinnett: "Este estado dela está intimamente ligado ao seu treinamento oculto no Tibete, e devido a ter sido enviada sozinha ao mundo para preparar gradualmente o caminho para outros. Depois de aproximadamente um século de procura sem sucesso, nossos chefes tiveram de aproveitar a única oportunidade de enviar um *corpo europeu* ao solo da Europa como um elo de ligação entre aquele país* e o nosso... Mas nenhum homem ou mulher, a menos que seja um iniciado de 'quinto círculo', pode deixar os recintos dos *Bod-Las* e voltar ao mundo integralmente ... Um, pelo menos, dos seus sete veículos tem de ficar atrás... para formar o elo de ligação necessário, o fio de transmissão". (*C.M.*) Em outro lugar ele escreve: "Você nunca poderá conhecê-la como nós – nenhum de vocês saberá julgá-la imparcial e corretamente. Você vê a superfície das coisas; e o que denomina 'virtude', atém-se

* É notável o fato de que o Mestre já tratava a Europa como um só país, mais de um século antes do começo da unificação europeia. (N. ed. bras.)

apenas às aparências; nós julgamos somente depois de sondar o objeto em sua maior profundidade, e geralmente deixamos que as aparências cuidem de si próprias. Em sua opinião H.P.B. é, em seu melhor aspecto, para os que gostam dela apesar de tudo, uma estranha e fantástica mulher, um enigma psicológico: impulsiva e de bom coração, entretanto não livre do vício da inverdade. Nós, por outro lado, sob a sua aparência de excentricidade e extravagância – encontramos uma sabedoria mais profunda no Eu *interior*, que vocês nunca serão capazes de perceber... traços de sua natureza interior, a mais delicada e refinada". (*C.M.*)

CAPÍTULO 8

Elos Imortais

Elos eternos e que nunca poderão ser partidos formam-se por atos de sacrifício entre Egos imortais, de suprema devoção, ou de longa dedicação de amor. Há uma história segundo a qual um dia uma esposa cheia de amor veio ver o Senhor Buda. "Diga-me, Senhor", disse ela, "o que devo fazer para ficar segura de que me encontrarei com meu amado marido em todas as vidas vindouras?". O Bem-Aventurado disse-lhe que, se ela continuasse a amá-lo apesar de tudo, e tudo lhe perdoasse, criaria um elo que nunca se romperia. Entre o Senhor Buda e o Senhor Cristo formou-se tal elo há milênios, quando ambos eram homens comuns, na Cadeia Lunar. E o mesmo aconteceu entre os Mestres M. e K. H.

Entre H.P.B., o coronel, e o Mestre de ambos, o *Mahatma* M., existe outro laço. Foi formado num passado muito distante, quando ele, que é agora um Adepto, era imperador de uma certa parte da Atlântida, cuja capital era chamada "Cidade do Portal de Ouro", devido a ser forjada em ouro uma de suas grandes portas. Numa elevação da cidade ficava o palácio real com seus vastos terrenos onde o filho e herdeiro do imperador – uma antiga encarnação de H.P.B. – costumava brincar. Conspiradores malvados, de outra parte da Atlântida, estavam prontos para matar ou raptar, quando possível, o pequeno herdeiro. Assim tinha o menino uma guarda pessoal na pessoa de um rude, mas fiel e devotado soldado de um dos regimentos reais.

Um dia, os conspiradores irromperam no jardim e tentaram atacar o pequeno príncipe, mas o guarda lutou com tamanha bravura que conseguiu malograr o ataque até que chegasse o socorro. Mas ele já estava então sangrando com vários ferimentos mortais. Levaram-no ao palácio e o colocaram aos pés do imperador. O Rei olhou para ele com serenidade e doçura. "O laço de sangue derramado por mim e pelos meus liga-nos agora", disse ele. "Diga-me o que deseja e isso lhe será dado". O rude mas devotado guerreiro desejou somente uma coisa, que ele pudesse ficar com seu Mestre e o pequeno príncipe por todas as vidas futuras. E assim foi feito, e essa foi uma razão de ter o Mestre escolhido o coronel Olcott: "ele estava longe de ser o melhor, mas era o melhor disponível". O coronel tinha o "*karma*" mais favorável entre aqueles que estavam encarnados.

H.P.B. também estava colaborando com o Mestre príncipe, durante a Revolução Francesa. Disseram-me que, em parte, ela teria falhado e, para compensar, pediu que nesta vida lhe fosse confiado um trabalho difícil e pesado.

Annie Besant, em certa ocasião, perguntou ao Mestre M. onde o laço entre eles havia sido formado. Ele lhe mostrou um retrato de uma menina acalentando amorosamente um irmãozinho numa rede de couro em uma tenda primitiva. Ela também deu sua vida em defesa dele quando ainda era um animal na Cadeia Planetária Lunar*, ato de sacrifício este que lhe deu uma alma imortal.

O Mestre K.H. tinha uma paciência infinita e um indestrutível afeto por Sinnett. Isso vinha de longa data, como vimos antes, quando Sinnett era um nobre no antigo Egito na corte de um dos Faraós. O Egito foi invadido por conquista-

---

* *Cadeia Planetária* – é uma série de sete mundos ou dimensões em que a vida evolui durante um *manvantara*, isto é, um período de manifestações do Universo. (N. ed. bras.)

dores estrangeiros, e no exército invasor marchava um soldado jovem, que era uma encarnação anterior do Mestre K.H. Entre outros, ele foi feito prisioneiro. Não estou certa, mas tenho uma ideia de que no antigo Egito torturava-se ou matava-se os prisioneiros. Em todo caso, o nobre egípcio simpatizou com este jovem prisioneiro, levou-o para sua casa, guardou-o em segurança até o fim da guerra, e então, mandou-o para casa. Séculos depois o Mestre viu seu velho amigo na pessoa de Sinnett, e lembrou sua dívida de gratidão para com ele.

Como já foi mencionado, Isabel Cooper-Oakley escreveu uma biografia do Conde de St. Germain. Para reunir material, viajou muito e fez uma quantidade imensa de pesquisas. Mas na vida em que o Mestre era Hunyadi Janos, ela possivelmente havia sido sua esposa, e sua devoção ainda se mantinha. Disseram-me que ela e a sra. van Hook visitaram o castelo em Vadja-Hunyad e passaram algum tempo na vizinhança, na esperança de conseguir uma visão do Mestre. Não conseguiram, mas quando tinham partido, a sra. Cooper-Oakley recebeu uma carta do Mestre dando-lhe um endereço para o qual poderia escrever. Ouvi também que, quando ela estava morrendo, ele a visitou. É muito raro que um Mestre visite fisicamente alguém, mesmo um de seus discípulos. Tive conhecimento de dois casos em que isso aconteceu. Tais privilégios são devidos ao *karma* do passado e à força dos elos *kármicos*. Um laço de verdadeiro amor e serviço entre dois homens simples ou mesmo entre um animal inteligente e seu adorado Mestre poderá um dia florir num delicado laço entre Mestre e discípulo.

CAPÍTULO 9

O Caminho da Ciência Secreta

Chamei este capítulo de "O Caminho da Ciência Secreta" porque na famosa *Escada de Ouro*, que o Mestre M. deu a H.P.B., as palavras originais eram *Ciência Secreta*, a tradução correta do sânscrito *Gupta Vidya*.

Este é o verdadeiro caminho "oculto". O caminho místico é a estrada segura para a maioria das almas em crescimento, descrito por Annie Besant em seu livro *Do Recinto Externo ao Santuário Interno**, como o caminho em *torno* da montanha. Este é o caminho seguro, normal, lento, de crescimento gradual e desenvolvimento por muitas vidas, e, por conseguinte, seguido pela maioria dos homens.

O Caminho da Ciência Secreta é o direto, íngreme, montanha acima. Este é um caminho especial, conveniente apenas para certas naturezas preparadas. Estes dois caminhos são descritos na parte do meio de *A Voz do Silêncio*, de H.P.B.,** onde são chamados os Caminhos Aberto e Secreto. "O Caminho é um, Discípulo; porém, bifurcado no final... De um lado, imediata bem-aventurança, e de outro, bem-aventurança mais tarde... O primeiro leva ao objetivo, o segundo ao Autossacrifício... O Caminho *Aberto* leva à mudança imutável – Nirvana, o glorioso estado do Absoluto, paz que ul-

---

* Publicado no Brasil pela Ed. Pensamento, S.P. (N. ed. bras.)

** Ver *A Voz do Silêncio*, H.P. Blavatsky, Ed. Pensamento, S.P., aforismos 179-187 e até 194. (N. ed. bras.)

trapassa o entendimento humano. Assim, o primeiro Caminho é a liberação. Mas o segundo Caminho é a *renúncia* ... leva o *Arhan* à inenarrável aflição mental, aflição pelos Mortos Vivos [os homens ignorantes das verdades e da sabedoria esotérica são chamados mortos vivos, C.C.] e da impotente compaixão pelos homens de triste *karma*; os Sábios não se atrevem a deter o fruto do *karma*... O 'Caminho Aberto'... é o esquecimento* do Mundo e dos Homens para sempre. O 'Caminho Secreto' também leva à bem-aventurança *Paranirvânica* – mas depois dos inúmeros *Kalpas* [eras]; Nirvanas ganhos e perdidos [recusados] por piedade e compaixão ilimitadas pelos mortais iludidos... Veja! A meta da bem-aventurança e o longo Caminho da Dor estão no extremo fim. Você pode escolher, oh aspirante, a tristeza, através dos ciclos que estão por vir!"

Pode-se perguntar: Por que há esses dois caminhos? Para que existe o segundo? Esta pergunta é respondida por T. Subba Row, um aluno do Mestre M., em trabalho publicado nos primeiros dias da Sociedade sob o título *Esoteric Writings*. Aí ele diz: "Essa filosofia [a do Sul da Índia, onde um grande Adepto da Sabedoria Oculta residia, C.C.] reconhece dois caminhos, ambos tendo o mesmo fim, uma imortalidade gloriosa. Um é o caminho seguro, natural do progresso através do esforço moral e da prática das virtudes. Um crescimento natural, coerente e seguro da alma é o resultado, atingido e mantido, que não pode ser derrubado ou sacudido por algum assalto inesperado. É o método normal seguido pela vasta massa da Humanidade". (*Esoteric Writings* 112-3) Este não requer a constante vigilância de um Guru.

Esse é o Caminho Aberto, que os Instrutores do Mundo proclamam para o membro do povo, para o chamado "profano", uma palavra que vem do latim *pro*, diante do, e *fanum*,

* Esquecimento *triplicemente glorioso*. Ver aforismo 184 de *A Voz do Silêncio*. (N. ed. bras.)

diante do Recinto Interno – fora. É descrito pelo Cristo como "o caminho largo que leva à destruição", isto é, o consequente símile da perda da memória do passado – bebendo das águas do *Lethe* ou esquecimento – numa nova encarnação. O "portal apertado e a estrada estreita" é o segundo caminho, e é encontrado por uns poucos em uma geração.

Assim continua Subba Row: "A outra estrada é o caminho escarpado do Ocultismo, através de uma série de iniciações... Progresso oculto, por esse caminho, é feito pelo Adepto, dirigindo através do chela as várias forças ocultas que o tornam apto a obter prematuramente, por assim dizer, um conhecimento de sua natureza espiritual, o que não lhe é devido pelo grau de seu progresso". (*Esoteric Writings* 113) Pode-se ver que neste caminho são necessários o cuidado e a atenção de um Adepto. Todas as iniciações são aberturas forçadas da consciência e um alargamento dos canais para a circulação das energias divinas. Essas energias, sendo como eletricidade, impessoal e neutra, são em seus efeitos dependentes do canal pelo qual fluem para um fim específico. Daí a necessidade de uma pureza perfeita antes que possa ser utilmente empregada, e o perigo, numa natureza não inteiramente purificada, de fortificar os impulsos inferiores, especialmente os físicos de natureza sexual.

"Nessas circunstâncias", escreve mais uma vez Subba Row, "pode acontecer que o chela perca seu equilíbrio moral e caia no caminho do *dugpa",* isto é, o lado negro, o caminho da esquerda. O Caminho é sempre mencionado como sendo "tão estreito como o fio de uma navalha", sendo a diferença entre o mago branco e o mago negro, principalmente, que um tem motivo altruísta e o outro, egoísta. Portanto, continua Subba Row:

"Esse caminho é eminentemente perigoso para aqueles que não tenham o talismã que garanta a segurança; este talismã é uma devoção completamente altruísta, plena de autoesquecimento e autoaniquiladora, e voltada para o bem religioso da humanidade, uma autoabnegação, que não é temporária mas que deve existir para todo o sempre, cujo objetivo é a iluminação religiosa [espiritual, C.C] da raça humana". (*Esoteric Writings* 113-4] Este é o caminho secreto, "o caminho da renúncia", o caminho do sofrimento, assim chamado porque o despertar da percepção espiritual do discípulo mostra-lhe a escuridão espiritual em que os homens, em sua maioria, vivem. Em *Luz no Caminho* fala-se do "desamparo daqueles que não viram a luz, cujas almas estão em profunda escuridão". E assim o texto lembra ao neófito que "o pecado e a vergonha do mundo são seu pecado e sua vergonha, pois você é uma parte do mundo, seu *karma* está interligado com o grande *karma*". "Não os repreenda. Não os evite, mas tente aliviar um pouco o pesado *karma* do mundo; dê seu auxílio às poucas mãos fortes que impedem que os poderes das trevas obtenham vitória completa." Isto indica a segunda razão pela qual este é o caminho do sofrimento, não somente pelo que o coração compassivo do Adepto tem que ver continuamente, mas também pelas dores e pelos desgostos dos homens, em virtude de se tornar uma pedra no "Mundo de Proteção", que defende a humanidade das maiores tragédias e também caracteriza aquela parte mais bela do plano mental chamada *Devachan* – a Morada dos Deuses onde todas as almas dos homens, após a morte, encontram felicidade. Os corpos dos Mestres, internos e externos, são preparados para a recepção e transformação de muitas correntes de infelicidade e maldade, geradas pelo homem ignorante. Este é o significado das trágicas palavras em *A Voz do Silêncio,* que nos fala que o Muro de Proteção "é erguido por suas torturas e cimentado com seu sangue".

1) Querer o Bem da Humanidade

Ao longo do caminho da renúncia há três degraus principais. Primeiro de todos: "viver para o bem da humanidade".

Sem essa motivação, pura e sem mácula, sem mesmo um traço subconsciente de desejo de autobenefício de qualquer espécie, interno ou externo, este caminho não pode ser trilhado. Numa admirável carta a Judge, o Mestre K.H. lhe diz: "Você deve viver para outros homens e com eles, não para si mesmo ou consigo mesmo". Isso, mais uma vez, quer dizer "com uma devoção completamente altruísta, plena de autoesquecimento e autoaniquiladora", voltada para o bem dos seres humanos, sem distinção de raça, credo, cor ou sexo. H.P.B. assim expressa isto: "O verdadeiro Ocultismo é a grande renúncia do eu, incondicional e absolutamente, em pensamento e ação. Não para si mesmo, mas para o mundo ele [o ocultista] vive. Tão logo um chela é aceito, sua personalidade deve desaparecer, e ele deve se tornar uma mera força benéfica na natureza. É impossível empregar *força espiritual* se houver o mais leve traço de egoísmo no operador. Os poderes e as forças do espírito são dados somente aos puros de coração – e esta é a mágica divina". (*Collected Writings*, H.P.B., vol. IX)

Mais uma vez H.P.B. escreve: "Aquele que quer tirar proveito pela sabedoria da Mente Universal tem que atingi-la através da humanidade em conjunto, sem distinção de raça, compleição, religião ou situação social. Trata-se de altruísmo, não de "egoísmo", mesmo em sua concepção mais legal e nobre, que pode levar a unidade a se fundir, a fundir o pequeno eu no Eu Universal. É a essas necessidades e a este trabalho que o verdadeiro discípulo do verdadeiro Ocultismo tem que se dedicar, se ele deseja obter a Sabedoria e o Conhecimento divinos". (*Collected Writings,* H.P.B., vol. IX)

Esta é a resposta à sugestão feita por Sinnett ao Mestre de que os grandes cientistas eram mais dignos de sua atenção do que a população em geral. O Mestre diz que nenhum homem pode reivindicar qualquer coisa dos Adeptos, mas "pode criar *atrações* irresistíveis e forçar sua atenção, só que isso deverá ocorrer espiritualmente e não mental ou intelectualmente". Ele escreveu: "*Nada* nos compele para alguém de fora, salvo sua evolução espiritual. Ele pode ser um Bacon ou um Aristóteles em conhecimento, e mesmo assim não fazer com que sintamos sua corrente nem sequer como o peso de uma pena, se sua força estiver confinada a *Manas*. O supremo poder reside em *Buddhi*; latente, quando ligado somente a *Atman*; ativo e irresistível, quando galvanizado pela *essência* de *'Manas'* e quando nenhum resquício deste último se mistura com aquela pura essência para trazê-la para baixo por sua natureza finita. *Manas*, puro e simples, é de um grau inferior, e de natureza terrena; e assim seus maiores homens são apenas insignificantes no terreno em que a grandeza é medida pelo padrão do desenvolvimento espiritual". (*C.M.*) Esta é a "voz" que pode falar na presença dos Mestres, e pode ser ouvida, porque "perdeu o poder de ferir", e portanto "alcançou o poder de ajudar os outros".

2) Praticar as Virtudes

O segundo passo é "praticar as virtudes gloriosas", as *Paramitas,* que são sinônimos do Nobre Caminho Óctuplo de Buda e das Nove Bem-aventuranças do Sermão da Montanha do Senhor Cristo. (Note-se que "monte ou colina" sempre simbolizam estados mais elevados de consciência) "Quem subirá o monte do Senhor? Quem há de permanecer no seu santo lugar? O que é limpo de mãos e puro de coração". (*Salmos 24:3-4*)

A primeira *Paramita* é ***Dana***, geralmente traduzida pela palavra caridade ou amor. Mas a raiz *da* significa "doando", pode assim ser pensada como o espírito do eterno "doar", em vez de tomar. Este é o sinal central do espírito, a natureza de *Nivritti Marga,* o Caminho de Volta, em contradição com o espírito do caminho de saída, o *Pravritti Marga*, onde os veículos da consciência crescem tomando coisas para si. Todos os sistemas de *Yoga* começam com amor, *Ahimsa*, inofensividade. E Patañjali diz que "na presença de alguém perfeitamente inofensivo cessa toda hostilidade".

Em seguida vem ***Shila***, pureza, moralidade. O "puro de coração" pode "ver Deus" por força dessa ausência de todo egoísmo, que impediria a Visão Divina. A pureza aqui mencionada não é a comum, ou a moralidade criada pelo homem. O que realmente quer dizer é a completa honestidade do coração, a completa devoção, por meio da qual o eu completo do homem fica cheio de luz. Uma roupa é branca, pura, porque o é por completo. Uma mancha de tinta quebraria esse conjunto (a raiz da "santidade"), tornando-o um "eu dividido". Essa completa dedicação mantém um homem firme no caminho que escolheu. "Um homem de mente dividida é instável em todos os seus caminhos." (*Tiago 1:8*)

Kshanti: é paciência, ausência de todo ressentimento. Um ocultista não guarda ressentimento em relação a coisa alguma. E participa da paciência da natureza, sem a sofreguidão, sem a pressa do desejo pessoal. Santa Catarina de Siena considerava a paciência como a maior das virtudes.

Vairagya é indiferença ao prazer e à dor, é a introspecção desenvolvida por aquela indiferença divina que é a essência desta qualidade.

Virya é força, energia, objetivo, vontade espiritual.

Contemplação é o caminho interior da meditação, pois o "caminho" está em nosso interior, nós somos o caminho, em desenvolvimento, em florescimento.

Sabedoria é o conhecimento espiritual que é fruto do desenvolvimento da intuição.

3) Alcançar o Nirvana e Renunciar a Ele

O terceiro grande degrau vem somente no fim do Caminho. "Atingir a bem-aventurança do Nirvana, mas renunciar a ela, este é o degrau final, o supremo Caminho da mais elevada renúncia" (*V.S.*). No Caminho Secreto, o Nirvana, com todas as suas glórias e bem-aventuranças, é rejeitado, recusado, por idades sem conta, porque entrar no Nirvana inteiramente implicaria "esquecimento do mundo e dos homens para sempre". (*V.S.*) "Renunciar ao Nirvana" não é coisa fácil. Num sentido mais amplo é comparável à renúncia ao *Devachan* (a vida celestial). Um discípulo no Caminho pode renunciar ao seu *Devachan*. Ele então abre mão da força e da bem-aventurança que lhe seriam acrescidas pelos longos anos no *Devachan*. Em vez de virem para ele, os resultados são espalhados pela humanidade toda. Ele então reencarna rapidamente, trazendo consigo os mesmos corpos astral e mental que tinham ido com ele e, consequentemente, com frequência, com grande parte da memória da vida passada imediata. É um ato de sacrifício que somente é feito quando acontecimentos no plano terrestre são tão importantes que requerem auxílio extra.

Quando, pela primeira vez, Annie Besant disse-nos que alguns membros da S.T. não iniciados seriam trazidos de volta numa encarnação imediata para ajudar no desenvolvimento da Sexta Sub-Raça, tornou-se moda entre os membros da Sociedade Teosófica conversar sobre "a volta imediata". Annie Besant então interveio. Disse-nos que não temos o poder em nós mesmos para renunciar ao *Devachan*, porque as forças que para lá levam um homem, após a morte, são tão fortes que requerem o poder de um Adepto para, digamos, provocar um "curto-circuito" em nós, e que ele não o fará, a menos que esteja razoavelmente seguro de que esse gasto de energia seria útil para o serviço da raça. Eis o ponto: *muito maior* é a força que atrai o Adepto *Asekha* para o Nirvana. Como pode ele resistir a essa tremenda atração, a menos que, durante a longa estrada desde o começo da caminhada até o fim, ele tenha construído em sua natureza a essência e o hábito da renúncia espontânea? Por amor a nós o Mestre volta, renuncia à bem-aventurança celestial e aceita as penas do nascimento, para que possa ficar conosco por idades incontáveis, ajudando, aliviando, iluminando, tanto quanto permite a Lei, as almas obscurecidas dos homens.

Desde o dia do começo formal do Caminho, ao passar pelo portal da Primeira Iniciação, diz-se, leva-se mais ou menos sete vidas até a Quarta Iniciação ou Iniciação do *Arhat*; e diz-se do mesmo modo levarem-se sete vidas mais para o nível *Asekha*, quatorze ao todo. Entretanto não necessitamos tomar isso demasiadamente ao pé da letra. Depende da intensidade, pois, nos mundos interiores, o tempo não tem a mesma expressão que aqui. H.P.B. disse-nos que o "período probatório" de um Adepto, ao que se diz, demora em média sete anos, mas isso pode significar sete minutos ou sete vidas.

O primeiro passo no Caminho é quando a alma que tem uma "vocação", o que significa ouvir um chamado interior, dedica sua vontade interior à volta para casa, com dedicação total ao bem e à felicidade de todos os homens. Então, quando a hora é chegada, seguem-se provação, aceitação, iniciação. A palavra "iniciação" significa um começo. É o portal que dá entrada ao Caminho propriamente dito. Nessa primeira grande cerimônia, o corpo causal do discípulo, que desde a individualização humana, ao sair do reino animal, tem sido o repositório de todas as suas experiências espirituais, é destruído. Na sua volta dos planos espirituais é formado um outro novo, mas desde então as experiências da vida são recolhidas no revestimento *búdico* recém-formado, o "Cristo interior, a esperança de glória", e o contato entre a personalidade e o Divino Ego é ampliado. Não mais é esse contato como um fio dourado pulsante, mas como um funil voltado para cima pelo qual se dá instantaneamente a sublimação da vida do ser humano. Eis a razão de um iniciado poder renunciar ao *Devachan* e voltar rapidamente à encarnação. O longo processo de assimilação que normalmente acontece no mundo celestial tem lugar até certo ponto enquanto ele vive aqui. Ele agora reuniu-se à Alma-Grupo da consciência da Fraternidade, que C.W.L. compara a um "Mar Brilhante". As forças da Fraternidade fluem através dele até o ponto em que ele seja capaz de irradiá-las. A presença de um Iniciado é uma força curadora.

A primeira Iniciação tem lugar no plano astral, enquanto o discípulo está fora de seu corpo, durante o sono. Se for um sensitivo, ele será capaz de registrar alguma coisa de sua beleza em seu cérebro desperto. Mas há Iniciados que não têm memória física alguma. A Segunda Iniciação tem lugar no plano mental concreto. Não é provável que essa seja lembrada. Em ambas as iniciações o Hierofante é um Adepto designado para o ato pelo grande Dirigente da Hierarquia, o Rei, o Adepto que veio de Vênus para ajudar a fundar a Fraternidade na Terra, há seis e meio milhões de anos, daquele planeta mais adiantado que o nosso em evolução, pela Hierarquia que existe "de Eternidade em Eternidade".

A Terceira Iniciação é dada no plano mental superior e a Quarta, no plano *Búdico*. Ambas são dadas pelo Próprio Rei, em Shamballah. A Quinta, que faz do homem um Adepto completo, não é transmitida por alguém. Ele a toma por si mesmo. É quando ele volta da outra margem e "toda a natureza vibra com alegria, com respeito... Do profundo e insondável vórtice... no qual o Vitorioso se banha, toda a voz sem palavras da natureza se ergue em milhares de tonalidades para proclamar: Alegria para vós, ó homem de Myalba. Um peregrino "está de volta da outra margem. Nasceu um novo *Arhan*". (*V.S.*)*

"Myalba é nossa Terra – apropriadamente chamada inferno" – diz H.P.B., "e o maior de todos os infernos, pela Escola Esotérica. A doutrina esotérica não conhece um outro inferno, ou lugar de punição, além de um planeta que abriga uma humanidade."

Agora fica claro *por que* o Caminho Secreto existe. Subba Row diz que "não se deve concluir que... o Ocultismo encara o Adeptado e a Iniciação como um erro, como uma usurpação violenta e perigosa das funções de natureza. A

---

* A palavra *Arhan* ou *Arhat*, que estritamente se refere à quarta iniciação, também é usada em relação ao Adeptado. (N. ed. bras.)

hierarquia dos Adeptos é estritamente um produto da natureza assim como uma árvore: tem propósito e função definidos e indispensáveis ao desenvolvimento da raça humana. Essa função é manter aberto o caminho para cima, através do qual vêm a luz e a direção, sem as quais essa raça necessitaria galgar cada degrau pelo método cansativo e infindável de tentativas em todas as direções até que o acaso mostrasse o caminho certo".

"... A função da hierarquia dos Adeptos é fornecer instrutores religiosos para as massas desorientadas da humanidade." (*Esoteric Writings 113*)

A que caminho pertence o homem? Mais uma vez citando Subba Row: "Somente umas poucas naturezas especialmente organizadas... estão prontas para esse caminho... É, portanto, mais sábio não procurar o caminho do discipulado; se o homem está pronto para ele, seu *karma* o conduzirá imperceptível e infalivelmente; pois o caminho do Ocultismo procura o chela e não deixa de encontrá-lo quando ele está pronto". (*Esoteric Writings 113-4*)

Entretanto penso que muitos teosofistas, consciente ou inconscientemente, pertencem a esse caminho. Seu próprio Eu Divino decidiu isto há muito tempo. Neste caminho também nos tornamos "um com Deus". Quando grandes Santos e Iogues assim o fazem, isso significa que se tornaram um em consciência com seus Eus Divinos. O Nirvana ainda está longe, quando ocorre esta realização. Um homem no Caminho Secreto deve também se tornar uno com seu Eu Divino antes que possa ser de muita utilidade para seu Mestre. É somente pelo crescimento consciente desse Eu Espiritual interior, que a Ciência Secreta se abre para seu olhar e sua compreensão: é o Conhecimento Secreto, o *Noumenon* que explica, glorifica e faz aparecer a beleza, o significado, o objetivo e as leis da vida. Para os Iluminados, a dor cessou, porque *Avidya*, ignorância, cessou, e assim cessou a causa do "pecado". Penso ter sido Coventry Patmore que escreveu: "Sabe isso, oh homem, a raiz do pecado está em ti, e é o fato de não conhecer a tua própria Divindade". Para o Adepto não há pecado, somente a falta de crescimento. Ele é livre. Nenhuma limitação o faz parar, exceto aquelas que ele voluntariamente adota e aceita por amor aos homens. Muito mais alegria e muito mais consolo podem vir aos homens nesta Terra, porque eles voltaram da outra margem, sem nunca deixar de ouvir os lamentos de dor de todo o mundo.

Vamos nos reunir a esse grupo; vamos nos sacrificar para que outros possam ser libertados mais cedo? Daríamos também todo o sangue de nosso coração, todos os momentos de nosso tempo, todos os dons que conquistamos no passado, para a futura liberdade e alegria do homem? Eu lhes direi então o que precisamos fazer, pois o discipulado é conquistado pelo ser humano e não lhe é dado como um favor, e o que isso significa tentarei, da melhor forma possível, descrever nas partes três e quatro deste livro.

Parte 3

Discipulado:
As Condições Preliminares

CAPÍTULO 10

A Motivação Correta

A Lei dos Upasanas-*Aspirantes*

As Condições Preliminares:

1. *Saúde física perfeita.*
2. *Absoluta pureza mental e física.*
3. *Propósito não egoísta: caridade universal – piedade por todos os seres animados.*
4. *Fé verdadeira e invariável na Lei do Karma, independentemente da intervenção de qualquer poder da Natureza – uma lei cujo curso não deve ser obstruído por qualquer ação, nem se deve tentar desviar por prece ou cerimônias exotéricas propiciatórias.*
5. *Coragem intrépida em todas as emergências, mesmo com perigo de vida.*
6. *Percepção intuitiva de ser veículo do Avalokiteshvara ou* Atma *Divino (o Espírito) manifestado.*
7. *Indiferença pessoal mas calma apreciação de tudo que constitui o mundo objetivo e transitório em sua relação com as regiões invisíveis.*

Tais, pelo menos, devem ter sido as recomendações a um aspirante ao perfeito discipulado. Com a única exceção do primeiro ponto que, em casos raros, tem sido modificado, cada um *destes itens tem sido invariavelmente enfatizado, e todos têm sido mais ou menos desenvolvidos pelo empenho do chela sem qualquer auxílio, antes que ele possa ser verdadeiramente testado*[*].

A Escada de Ouro
(Descrita pelo Mestre M. para H.P.B.)

Vida limpa, mente aberta, coração puro, intelecto ardente, clara percepção espiritual, presteza para dar e receber conselho e instrução, leal senso de dever para com o instrutor, pronta obediência aos preceitos da verdade, uma vez que nela pusemos nossa confiança, e cremos que o instrutor a possui; corajoso suportar das injustiças pessoais, destemida declaração de princípios, valente defesa daqueles que são injustamente atacados, e mira constante no ideal de progresso e perfeição humanos, que a Ciência Secreta revela, esta é a escada de ouro, cujos degraus pode o aspirante galgar até o Templo da Sabedoria Divina.

Para muitos, uma vez compreendida a realidade da existência dos admiráveis Irmãos mais velhos da raça, surge a pergunta: "Como encontrá-los? Onde estão?". Esta pergunta surgiu em meu coração quando, pela primeira vez, ouvi o coronel Olcott descrever os cinco Adeptos que ele tinha encontrado no plano físico. Conheci pessoas que tentaram entrar no Tibete, e outras que pensaram que, vivendo em algum centro sagrado, ficariam em posição mais favorável para realizar o desejo de seu coração. Essas são completas ilusões. O Mestre pode ser encontrado exatamente onde você está, pois

---

[*] *Livro IV de Kiu-te, Collected Writings,* vol. VIII, p. 294, H.P. Blavatsky. (N. da autora.)

os primeiros contatos são algo que pode ser descrito como supersensitivo e telepático. Nenhum aspirante é ignorado, especialmente se ele tiver a motivação certa. Neste ponto o Mestre é dirigido por leis estritas e inalteráveis. Citando as palavras do Mestre K.H. a C.W.L., na famosa carta que descreve as condições do discipulado: "Aceitar qualquer homem como discípulo não depende de minha vontade. Isto somente pode resultar do mérito pessoal de alguém e do empenho nessa direção". (Carta 7)* Mesmo tendo o Adepto um afeto pessoal por alguém, isto nada altera. Devido ao grande e dedicado serviço que Alfred Sinnett prestou ao Mestre em vidas passadas, ele pôde entrar em contato com o Mestre. O Mestre o chamava afetuosamente de "meu discípulo leigo". O Mestre deu a Sinnett muitas indicações de como poderia se tornar um discípulo de verdade, mas, aparentemente, nosso amigo nunca viu o objetivo e assim nunca o atingiu nesta encarnação.

Nosso mérito pessoal significa o ponto de desenvolvimento que atingimos e o *karma* que trouxemos do passado, o que não podemos saber, mas o Mestre sabe. Já contei a história de como o Mestre levou C.W.L. a um plano muito alto de consciência e mostrou-lhe como ele poderia ver o progresso da alma dos homens, como estrelas em diversas magnitudes. O ponto para cada um de nós é – o que faz a luz de nossa alma brilhar? Ou, em outras palavras, qual é a voz que pode ser ouvida no mundo dos Mestres? Não é a voz do intelecto, que o Mestre K.H. disse a Judge considerar tão material quanto o corpo físico. Sinnett tinha a ideia de que seria perda de tempo levar conhecimento ao povo comum. Disse-lhe o Mestre: "Você peca contra as multidões". (*C.M.*)

O que é então espiritualidade, posto que somente a voz do espírito desperto no homem pode ser ouvida no mundo do espírito? Posso dar três definições, mas é preciso transpor as

---

* *Cartas dos Mestres de Sabedoria*, compiladas por C. Jinarajadasa. Primeira série, Editora Teosófica, 1996. (N. ed. bras.)

palavras e chegar à realidade que está atrás delas. Disse-nos Annie Besant que espiritualidade era a habilidade de intuir a unidade de toda a vida. Ela nos disse que há duas coisas que frequentemente são tomadas como se fossem espiritualidade. Uma era a piedade. Um homem pode ser extremamente piedoso e religioso sem que haja nele um grama de espiritualidade. Outra é tomar erroneamente poder psíquico por espiritualidade. Realmente não é mais espiritual ver um objeto astral do que olhar um objeto físico.

Disse H.P.B. que "espiritualidade não é o que entendemos pelas palavras 'virtude' ou 'bondade'. É o poder de perceber as essências espirituais sem formas e ter uma resposta cada vez mais sensível a toda a vida". Escreve o professor Radhakrishnan: "Deus é vida. O reconhecimento deste fato é Consciência Espiritual".

Isto significa uma emanação de qualidade do interior, bela e sensitiva, uma "aura" que se dissolve no nada e não está condicionada por um envoltório endurecido. Este "envoltório" que retém uma pessoa na prisão de suas próprias ideias é causado por uma das duas coisas – ou uma mente muito rígida ou grande autoabsorção – Daí a ênfase do Mestre na necessidade da "mente aberta". A outra causa é que a mente, que visualiza e raciocina, é a sede de *Ahamkara*, a atividade criadora do 'Eu'. Nada fecha a resposta à vida e à realidade como esta atividade exercida excessivamente. A pessoa intensamente autocentrada é insensível às necessidades e aos sentimentos dos outros e, portanto, está sempre infeliz. Há apenas um inimigo no caminho para a realização de nossa divindade, ou mesmo do primeiro e pálido esforço para "se afinar com o Infinito": o nosso próprio egoísmo. Mas não devemos nos repreender com demasiada severidade por isso. Por muitas vidas nesse Caminho de exteriorização – o *Pravritti Marga* – este sentido de *Ahamkara*, do "eu, mim e meu" atua como uma espécie de proteção, como a casca de ovo em torno do pinto em crescimento, para habilitar à Divina Possibilidade estabelecer um forte centro de individualidade de onde ela poderá um dia destruir a proteção e ficar como um centro irradiante de força e luz sem uma periferia. No Caminho da exteriorização – pois *Pra* significa ir para fora – os futuros veículos da consciência evoluem pelo desejo do Espírito de entrar em contato com a matéria ou forma (o princípio da limitação).

Diz o *Katha Upanishad*: "O Eu-nascido (Fagulha ou semente de Divindade) rompe os sentidos para fora: por isso o *Jiva* (uma vida individualizada originada do Espírito Universal) procura o exterior, não o interior, o Eu. O *Bhagavad Gita* (capítulo XV, verso 7) diz o mesmo: " Uma porção do Meu próprio Eu, transformado no mundo da vida num Espírito imortal, atrai para seu redor os sentidos dos quais a mente é o sexto, oculto na Matéria".

O sábio Patañjali, em seus imortais livros sobre *Yoga*, escreve: "O Clarividente (o Imortal) é puro conhecimento (*Gnose*, visão). Embora puro, ele vê através do revestimento (médium) da mente".* A exteriorização da atenção do Eu desenvolve os veículos da consciência. Quando esse processo está prestes a ficar completo, o Eu Imortal inicia a tarefa da purificação e sintonização desses veículos – mente, coração e corpo – para Si mesmo e volta sua atenção para sua Fonte Divina, o *Nivritti Marga* ou Caminho de Volta.

Nesse caminho, o revestimento protetor do egoísmo é rompido e a consciência vem a se identificar com toda a vida, enquanto ainda retendo seu próprio centro. Assim, a "Mente não purificada é a grande assassina do Real". (*V.S.*)

Usando outro símile, este de H.P.B., a "ponte" entre o temporário, a consciência humana e a do Eterno é construída pela mente purificada de egotismo. Este não é trabalho de um momento, talvez de mais de uma vida. Esta é a grande Peregrinação da Alma, o ciclo de evolução do espírito no homem.

---

* *A Ciência do Yoga*, Editora Teosófica, Brasília, 1994. (N. ed. bras.)

Todas as coisas crescem em ciclos. Um dia segue outro dia, uma primavera segue outra primavera, uma vida na escola da Terra segue outra vida, até que o maior de todos os ciclos seja concluído, e o espírito volte para Deus que foi quem o deu. "Quando aquele que o tirou da profundeza sem limite, volta mais uma vez para casa." (Tennyson) De um estado primário de inocência, ele como o fruto da Árvore do conhecimento do bem e do mal, isto é, entre o contínuo jogo dos pares de opostos, desenvolvendo a autoconsciência e a automotivação e, chegada a hora, comendo da outra Árvore, a Árvore da imortalidade consciente.

A palavra sânscrita *vritti* significa aproximadamente "comprimento de onda". Todas as formas e os fenômenos da Natureza são "comprimentos de onda" – o princípio da limitação – visível ou não para os olhos físicos. Talvez possamos agora compreender a definição de H.P.B. sobre espiritualidade: "o poder de perceber essências espirituais sem forma".

Penso que isso quer dizer também se erguer acima dos pares de opostos e, no fim, ficar imune a eles. Os pares de opostos não são reais. Eles existem para ajudar nossa autoconsciência a evoluir. No mundo do Real não há nem bem nem mal, nem sagrado nem profano, mas um poder forte, santo, glorioso e eterno, levando o homem para sua final bem-aventurança e realização.

Mas não podemos destruir nosso egocentrismo combatendo-o. O que apenas o acentuaria. É melhor "transcendê-lo". Desistamos de pensar tanto sobre nós mesmos, ou de nos preocuparmos com o que acontece a esse pequeno eu e em seu lugar pensemos mais sobre "o grande, o sublime, o belo, que são a sombra de Deus na Terra" (Mazzini). A meditação clássica do Senhor Buda diz-nos: Antes de tudo ajustemos nossos corações, de modo que ambicionemos a felicidade e o bem-estar de todos os seres, incluindo mesmo a felicidade de nossos inimigos. Depois representemos vividamente para nós mesmos todos os desgostos e incapacidades dos outros, até que uma profunda compaixão comova nossa alma. Outra vez pensemos sobre toda a alegria e prosperidade dos outros, regozijando-nos por sua boa fortuna. Por último, nos ergamos em pensamento acima do amor e do ódio, da fortuna e da necessidade, do sucesso e do fracasso, etc, encorajando nosso próprio destino com calma imparcial e tranquilidade perfeita.

Essa estrutura da mente, se nos for possível verdadeiramente alcançá-la, irá livrar-nos de muitos desgostos. Não cogitaremos quem é importante ou quem não é importante, ou se somos importantes, ou se não somos importantes. O Mestre diz que o crescimento da espiritualidade nos fará "indiferentes ao fato de sermos fortes ou fracos, instruídos ou não instruídos". Aos olhos do espírito não há pequeno nem grande. Tudo é amado, tudo é importante.

Assim podemos ver agora qual é a voz que pode ser ouvida no mundo do Mestre. "Antes que a voz possa falar na presença dos Mestres deve ter perdido o poder de ferir. Antes que a alma possa ficar na presença dos Mestres seus pés devem ser lavados no sangue do coração." (*L.C.*) É o genuíno amor pelos seres humanos, certamente por todas as coisas vivas. Não penso que seja uma sensação emocional; é antes um desejo honesto pela felicidade e bem-estar de todos os seres. "Nossos antepassados, desejando o bem estar do mundo, atingiram a libertação."

O primeiro de todos os passos, diz o Mestre, é "uma vida limpa, um coração puro". O que é pureza? Não penso que seja alguma coisa que tenha a ver com a moral construída pelo homem. Seu verdadeiro significado é completa sinceridade de pensamento e propósito sem lugar para si próprio, nem em benefício daquele eu, de qualquer maneira, material ou espiritualmente. Qualquer motivo egoísta em função das coisas mais elevadas ou menores vicia o ideal. Escreve o Mestre K.H. a Sinnett: "A primeira e principal consideração que nos faz aceitar ou rejeitar seu oferecimento está no motivo que o impele a procurar nossas instruções e, num certo sentido, nossa orientação... Para nossas mentes, então, esses motivos, sinceros e dignos de toda consideração, sob o ponto de vista do mundo, dão a impressão de egoísmo... Eles são egoístas porque você deve notar que o principal objetivo da S.T. não é tanto satisfazer a aspirações individuais quanto servir a toda a humanidade... Talvez você aprecie melhor nosso pensamento, quando lhe disser que, sob o nosso ponto de vista, as mais elevadas aspirações para o bem-estar da humanidade tornam-se manchadas com egoísmo se, na mente do filantropo se esconde a sombra do desejo de autobenefício ou uma tendência para praticar injustiça, mesmo quando essas tendências existem só no inconsciente". (*C.M.*)

As únicas coisas verdadeiramente individuais em nós são nossas motivações, nosso discernimento e nosso propósito, e esses devem estar todos dirigidos para o bem-estar desse espírito uno da vida que dá nossa única existência verdadeira. Nenhum homem pode viver ou morrer sozinho. Ele está para sempre ligado a todos os outros fragmentos divinos que estão com ele lutando lado a lado e formando a raça à qual ele pertence. Diz H.P.B.: "É uma lei oculta que ninguém pode se tornar superior às suas falhas individuais sem que primeiro eleve – por menos que seja – todo o corpo do qual ele é parte integral. Da mesma maneira ninguém pode pecar, nem sofrer os efeitos do pecado sozinho. Na verdade, não existe tal coisa como separação; e a coisa mais próxima a esse estado egoísta que as leis da vida permitem está na intenção ou motivação". O Mestre K.H. escreve: "Procuramos fazer com que os homens sacrifiquem sua personalidade – um relâmpago passageiro – para o bem-estar de toda a humanidade e, consequentemente, para seus próprios Egos imortais". (*C.M.*)

Devemos desenvolver, assim, a motivação correta, sem mesmo cogitarmos se somos santos ou sábios. "Aquele que se julga mais santo que o outro, aquele que tem orgulho de ser isento de vício ou loucura está incapacitado para o discipulado. Um homem deve ser como uma criancinha antes que possa entrar no Reino dos Céus." (H.P.B.) Lembremos que a ambição espiritual e o desejo egoísta são muito mais perigosos do que sua contraparte terrena. Escreve o Mestre K.H.: "Mesmo que esteja bem preparado psíquica e fisiologicamente para passar por tal seleção, a menos que possua generosidade espiritual e física, um chela, seja ou não selecionado, deve acabar, no final das contas, por perecer como chela".

O Mestre diz algo semelhante em palavras muito simples em *Aos Pés do Mestre:* "Mas há alguns que abandonam a procura dos objetivos terrenos unicamente para ganhar o céu ou atingir a liberação do renascimento; cumpre não cair nesse erro." Assim, mais uma vez diz H.P.B.: "O que o verdadeiro ocultista procura não é conhecimento, ou crescimento, ou felicidade, ou poder para si mesmo...".

Luz no Caminho recomenda-nos "desejar ardentemente", e diz-nos que a coisa que deveríamos desejar seria acumular fortuna para o espírito uno da vida que é nosso único e verdadeiro eu. Qual é a nossa Verdadeira motivação? É o pensamento da beleza, da maravilha, da certeza de encontrarmos o Mestre que nos atrai? Ou de possuir um dia poderes que não são confiados a outros homens? Diz *Luz no Caminho:* " Faça uma pausa e considere um pouco. É o caminho que você deseja, ou há uma perspectiva pouco clara em suas visões de grandes alturas a serem escaladas, por você mesmo, de um futuro para você planejar? Esteja atento. O caminho deve ser procurado pelo seu próprio valor, não pela conveniência de seus pés que o trilharão".

E não somente é necessária a ausência de egoísmo, mas também a coragem, a honestidade, a absoluta sinceridade e fidelidade. Este é um caminho para homens e mulheres, no verdadeiro sentido da palavra, e não para crianças espirituais. "Suponhamos que você viesse assim", continua o Mestre para Sinnett, "como dois de seus compatriotas já vieram, como Blavatsky fez e Olcott o fará; suponhamos que você fosse abandonar tudo pela verdade; lutar exaustivamente anos a fio na estrada íngreme, sem medo de obstáculos, firme contra todas as tentações; guardando fielmente em seu coração os segredos que, como teste, lhe foram confiados; que tivesse trabalhado com toda sua energia e generosidade para propagar a verdade e estimular os homens para o correto pensar e o correto viver...". (*C.M.*)

"Posso me aproximar de você", escreve o Mestre, "mas você deve atrair-me por um coração purificado e um desenvolvimento gradual da vontade". (*C.M.*)

Segundo um velho provérbio, quando o discípulo está pronto, o Mestre aparece. Quando a luz do discípulo brilha, quando sua voz é ouvida, "é nossa lei nos aproximarmos de qualquer um neste caso, mesmo que não haja senão o mais fraco vislumbre da luz do verdadeiro 'Tathagata' dentro dele". (*C.M.*)

CAPÍTULO 11

Ser Honesto e Altruísta

Há uma carta na coleção feita por C. Jinarajadasa das *Cartas dos Mestres de Sabedoria*[*] que pode – como eu já disse – ser vista como uma descrição das condições do discipulado. É a Carta 7, da 1ª série, do livro. Disseram-me que, desde quando a recebeu, C.W.L. nunca se separou dela, guardava-a numa agenda no bolso de seu colete, e à noite punha-a numa bolsa de seda que era atada na cabeceira de sua cama.

Em Manor, Sidney, Austrália, costumávamos receber a visita no Natal, de um cavalheiro idoso de uma das ilhas vizinhas, que, quando jovem, fizera parte do coro da igreja em New Forest, onde C.W.L. era pároco. Ele nos contou a história da carta e de seu efeito sobre C.W.L. Por algum tempo Leadbeater estivera interessado em Espiritismo. Certamente quando o conheci, julguei-o muito mais simpatizante do Espiritismo do que Annie Besant. Disse-nos ele que tivera a visita de mais de um médium famoso na casa paroquial e contou-nos muitas histórias sobre eles. Então, um dia, ele pegou livros de Alfred Sinnett, os quais continham transcrições de cartas dos Mestres ao próprio Sinnett. Isto entusiasmou C.W.L. Ele perguntou ao médium William Eglinton se seu "guia" chamado "Ernest" sabia da existência dos Adeptos e se poderia entregar uma carta a um deles caso a carta lhe fos-

---

[*] Livro publicado pela Editora Teosófica, ver as pp. 36-43, 1996, Brasília. (N. ed. bras.)

se confiada. Ele assegurou que Ernest poderia. Então C.W.L. escreveu ao Mestre e deu a carta a Eglinton.

Alguns meses depois ele recebeu, pelo correio, uma resposta. O Mestre dizia que a carta nunca lhe chegara, "nem era provável que isto acontecesse, considerando a natureza do mensageiro", mas que, de qualquer modo, ele sabia perfeitamente o que tinha sido escrito. Disse-lhe o Mestre que não era necessário vir à Índia, que o chela poderia passar o período de provação em qualquer lugar. Disse também que, para aceitar um homem como seu chela, "não dependia de sua vontade pessoal". Mencionei em outro lugar que o Adepto, aqui, como em muitas outras esferas, é governado por lei. "Só pode ser o resultado", continua o Mestre, "do mérito pessoal de alguém e do empenho nessa direção."

Ele então continuou dando a C.W.L. uma grande indicação: "*Force* qualquer um dos 'Mestres' que você tenha escolhido". Evidentemente, o sublinhado da palavra "force" era uma evocação sutil da vontade em Leadbeater. Mas o Mestre continuou a explicar como ele deveria fazer isso. "Faça bons trabalhos em seu nome* e por amor da humanidade; seja puro e resoluto no caminho da retidão (como o estabelecido em nossas regras); seja honesto e altruísta; esqueça seu Eu, mas tenha em mente o bem de outrem – e você terá *forçado* aquele Mestre a aceitá-lo."

Há um ou dois pontos a serem destacados aqui. Venho observando que a Fraternidade não vê virtudes e vícios da mesma maneira que nós. Eles não se guiam apenas pela moralidade feita pelo homem, mas pela percepção e pela compaixão do Espírito desperto. E as palavras com as quais encabecei este capítulo – "ser honesto e altruísta" – mencionam duas qualidades importantes aos olhos do Mestre, pois elas significam a diminuição do poder de um inimigo da espiritualidade, o egoísmo, *Ahamkara*.

---

* Isto é, em nome do Mestre escolhido. (N. ed. bras.)

Não é fácil ser verdadeiramente honesto, especialmente em relação a nós mesmos. Os corpos mental concreto e astral – os veículos de consciência para pensamento e desejo – influenciam-se mutuamente. A mente produzirá sempre razões excelentes e plausíveis pelas quais deveríamos fazer o que nosso desejo natural nos incita a fazer. Diverte-me frequentemente observar meus próprios processos a este respeito. Assim, como diz H.P.B., estamos "constantemente nos enganando".

Ser completamente honesto é ser inteiramente verdadeiro, e não podemos atingir isto se formos demasiado emocionais, amarrados a nosso próprio exame e *preocupados* se somos bons ou maus, inteligentes ou estúpidos, etc. Um dos efeitos do progresso espiritual é a diminuição do remorso e da ansiedade. Ambos indicam carência de energia no momento presente e para trabalho em pauta. Remorso indica escoamento da força da alma em relação a algum acontecimento no passado, e ansiedade significa escoamento em função de algum efeito imaginário no futuro. C.W.L. referia-se a isto com muita simplicidade. Ele citava o provérbio muito conhecido de não atravessar pontes antes de chegar onde elas estão, e o velho ditado "isto não terá importância daqui a dez anos". "Bem", dizia ele, "se não tem importância dentro de dez anos, não tem importância agora".

A raiz do remorso, diz-nos H.P.B., é o egoísmo, e a raiz da ansiedade é o medo de um desconhecido imaginário. Medo é o recuo da personalidade ante aquilo que não deseja ter, ou dúvida se irá receber aquilo que deseja. O sábio Patañjali, assim, diz que tanto desejo quanto aversão devem ser sobrepujados – outro dos "pares de opostos". No equilíbrio entre os dois está o "Caminho". Esta é a razão por que ele é descrito como sendo "tão estreito como o fio de uma navalha" e "caminho reto e estreito", porque nele o discípulo aprende aquela divina indiferença que o habilita a transcender a tirania dos pares de opostos.

O Senhor Krishna fala sobre esse caminho no capítulo doze do *Bhagavad Gita:* "Aquele de quem o mundo não se afasta, aquele que não se afasta do mundo, livre das ansiedades da alegria, ira e medo, ele Me é caro... Agindo do mesmo modo para amigo e inimigo, e também na fama e na ignomínia, bem como no frio e no calor, nos prazeres e nas dores... recebendo igualmente elogio e reprimenda, silêncio, aceitação completa do que quer que venha, ao desabrigo, com mente firme, cheio de devoção, esse homem Me é caro". (*B.G.12, versos 15, 18-19*) Esta habilidade será considerada mais adiante.

Mas ser honesto consigo mesmo exige uma boa dose de coragem, humildade e altruísmo. Talvez possamos chamar isso de perfeita sinceridade. Diz Patañjali que, para o Iogue que se tornou inteiramente verdadeiro, "suas palavras e atos são cheios de força".

Diz-se frequentemente: "não sou bastante bom" ou "não sou bastante inteligente" para procurar esse caminho. "Esperarei até que eu seja mais inteligente ou mais santo". Ou dirão que devem esperar até que as circunstâncias sejam mais propícias. A verdade, porém, é que não importa quão inteligentes ou santos sejamos, desde que tenhamos a vocação, cuja expressão interior é "ouvir uma voz". "Atenção! Estou à porta e bato; talvez algum homem ouça minha voz." Isso não significa qualquer forma de clarividência ou clariaudiência, mas a ânsia, a elevação do espírito humano, o desejo ardente de retornar, de servir. Essa voz não cogita se alguém é inteligente ou "avançado". Se nós o somos, "devemos partir daqui". Não há outro caminho. E devemos partir "exatamente como somos, sem qualquer discussão", como somos e de onde estamos. Não há outro ponto de partida.

Isso é exemplificado na parábola do Filho Pródigo, como uma alegoria tipificando a jornada da alma desde a ignorância até a onisciência, o grande caminho evolutivo de Ida e Volta. No princípio o filho esquece seu direito inato no "país longínquo" do plano físico, "enterrado", como diz Platão, "num corpo para seus pecados". Mas há alguma coisa que nunca pode se extinguir na alma humana, o que eu chamo "o instinto da volta para casa" do espírito humano, o profundo e subconsciente desejo de encontrar outra vez, de reunir-se com a Beleza, o Amor e a Verdade. Finalmente começa a emergir no consciente e então diz o filho: "Erguer-me-ei e vou ter com meu Pai." E, embora ele estivesse bastante longe, seu pai ouviu e foi ao seu encontro. Deus sempre descerá para o homem se o homem aspirar a chegar a Ele. "Chegai-vos a Deus e ele irá chegar-se a vós", diz *Tiago* (4:8). E o mesmo é verdade em relação ao Mestre. Se um homem for inteiramente fiel ao ideal que ele palidamente vê, o Mestre estará atento e, lentamente, como a lei permitir, irá chegar-se a ele.

É um erro esperar até que as circunstâncias sejam "mais propícias". Não tem a mínima importância quais sejam nossas circunstâncias, pois não há circunstância de qualquer natureza que seja um verdadeiro impedimento. H.P.B. escreveu palavras que são, aqui, muito apropriadas. Quando lhe perguntaram se seria possível para alguém que não tivesse meios próprios de subsistência aspirar ao chelado, ela respondeu: "O chelado nada tem a ver com meios de subsistência ou coisa semelhante, pois um homem pode isolar por completo sua mente de seu corpo e do que o cerca. O chelado é um *estado de mente* antes que uma vida de acordo com as regras rígidas no plano físico. Isto se aplica, especialmente, ao período probatório preliminar".

Em outra ocasião ela escreveu: "O que tem o ensinamento esotérico a ver com o homem exterior? Um soldado pode estar imóvel em seu posto de sentinela em um navio, e entretanto o Ego do soldado é livre para ir onde lhe aprouver e para pensar o que é melhor. Um homem que tenha bens materiais independente e livre de qualquer dever, terá que se mover e ir, como missionário pregar Teosofia. Um homem que está preso por seu dever a um lugar não tem o direito de desertar a fim de executar outro dever, ainda que este seja maior; pois que o primeiro dever ensinado em Ocultismo é cumprir a sua função sem distrair-se devido a novos deveres". Todas as circunstâncias podem ser canalizadas para os propósitos do espírito. O único impedimento no Caminho é o pequeno eu do homem.

E ouvir a voz do espírito não é ouvir a voz daquele eu pessoal com todos os seus desejos e todas as suas vaidades. Uma resposta verdadeira e honesta àquela voz pode ser ouvida no mundo do Mestre. É a voz do despertar do espírito no homem que o Mestre pode ouvir, e não a voz da mente astuta ou da natureza de desejo pessoal.

Disse o Mestre: "Esqueça seu Eu para lembrar o bem de outras pessoas". Este é o motivo correto que discutimos no capítulo precedente. Sejamos honestos nisso. Desejamos nós o poder, consciente ou inconscientemente? Desejamos informações interessantes que não podem ser obtidas em qualquer outro lugar? Queremos o sentido de segurança por estar nas mãos do Mestre por todas as vidas vindouras? Desejamos pertencer a um grupo exclusivo que irá tornar-nos superiores aos homens comuns? Queremos ganhar e exercer poderes ocultos, a serem aprovados por chefes e admirados por outros? Sejamos honestos, é assim?

Mas também não venhamos a desenvolver um "complexo de culpa", que é somente um egoísmo ao inverso. Santa Tereza de Lisieux disse às suas noviças: "Se vocês são capazes de passar no julgamento de não estarem contentes consigo mesmas, estarão oferecendo ao Divino Mestre um abrigo em seu coração".

Não somos nosso eu mental-concreto nem nosso eu emocional, mas eles são nossos instrumentos e cumpre que os encaremos como ferramentas a serem afiadas e melhoradas, se necessário. Portanto não nos elogiemos, nem nos repreendamos por isso. Tentemos compreender. Devemos tentar *compreender* nossa estrutura, que é a mesma de todos os outros e, portanto, pode ser designada como "natureza humana". Não somos convidados a julgar. Disse o Senhor Cristo: "Não julgueis, se assim o fiz foi somente *porque* vim, não para fazer minha própria vontade, mas a Vontade Daquele que me enviou". Este é o verdadeiro ponto de vista de um homem inteiramente unificado com o seu Divino Eu imortal, ao qual compete julgar verdadeiramente, porque é absolutamente impessoal, e a verdadeira impessoalidade é amor perfeito. "A vingança é minha; eu pagarei", disse o Senhor, o que quer dizer a lei divina da recompensa perfeita – *Karma* – ou a vontade de Deus em ação. Essa Grande Lei está modelando toda vida para acontecimentos em futuro distante, para o qual "toda a criação se dirige".

A vida é um processo de crescimento lento. A alma do homem cresce como cresce uma flor. É o jardineiro que a faz crescer? Ele pode somente ajudá-la um pouco. Ninguém pode ajudar-nos tanto quanto nosso próprio Eu Superior com seu amor. Nem mesmo o Mestre. "Nada que esteja corporificado, nada que esteja consciente da separação, nada que esteja fora do eterno, pode ajudá-los." (*L.C.*) Pense a respeito, visualize (lembrando sempre que nenhuma forma-pensamento *é* a própria coisa, mas sim um canal através do qual brilha a Realidade sem forma). Ponhamos em prática tudo que nos leve para mais perto da Eternidade e de nossos irmãos da humanidade, todos os ideais de amor, beleza e alegria, que movem o coração, não somente a cabeça. Pois o coração está mais próximo do Mestre do que a cabeça. A consciência espiritual está no *chakra* dourado, próximo do coração, enquanto a consciência intelectual está na cabeça. Devemos "Crescer como crescem as flores, inconscientemente, mas ansiosos para abrir a alma para o ar. Assim você deve fazer para abrir sua alma para o eterno. Mas deve ser o eterno que o impulsione para sua força e beleza, não o desejo de crescimento. Pois em um caso você se desenvolve na exuberância da pureza; no outro, você se endurece pela violenta paixão por estatura pessoal". (*L.C.*) Muitas pessoas assim o fizeram.

Não é fácil nos esquecermos de nós mesmos. O próprio fato de querermos fazê-lo significa pensamento no eu. Talvez o melhor meio seja cultivar interesse por tudo quanto vive e por todas as esferas da vida. Então o pensamento do "eu" irá desvanecer-se. Interesse e benevolência o terão matado. Tome cuidado com os apegos e as rejeições pessoais. Eles são geralmente irracionais. O homem mundano ajuda as pessoas de quem gosta, sendo frequentemente injusto com aquelas de quem não gosta. Mas aquele que vier a ser discípulo ajudará, se possível, todos os homens e toda vida sem distinções de qualquer espécie.

O espírito de condescendência nunca deveria surgir. Ajudamos não porque nos sentimos virtuosos ou porque desejamos ser virtuosos. Ao contrário, estamos felizes de que uma parcela mínima do trabalho do Mestre deva ser feita por nós, "em seu nome e por amor da humanidade". De fato, como Krishnamurti nos disse, realmente não possuímos uma virtude enquanto não estivermos inteiramente inconscientes de que a temos! Presunção, pedantismo, sentimentalismo, são todos absolutamente estranhos à vida espiritual clara, serena e absolutamente verdadeira. Há uma hipocrisia consciente e uma inconsciente. Ansiosos de ser virtuosos, talvez, por vezes, cedamos a um leve sentimento agradável de superioridade, dizendo coisas que realmente não queríamos dizer, tornando-nos artificialmente espirituais. O Mestre não aprecia um sentimento que não seja completamente honesto, nem repreende ou se afasta daqueles que sejam claramente destituídos de certas virtudes.

Virtude e sabedoria são coisas sublimes, mas se produzirem orgulho e uma consciência separatista do resto da humanidade, não serão senão a serpente do eu reaparecendo em forma mais refinada. Citando Krishnamurti mais uma vez: "no momento em que nos sentimos superiores, a espiritualidade deixa de existir".

CAPÍTULO 12

Coragem e Vontade

Este é o caminho do eu amadurecido, não da alma infantil. Algumas pessoas pensam que um Adepto toma um aspirante pela mão e o ensina a desenvolver poderes sobrenaturais e também o protege de desastres e perturbações, evitando que ele cometa erros. Mas a verdade é exatamente o contrário. O que o Mestre chama "os poderes *deíficos* no homem e as possibilidades contidas na Natureza". (*C.M.*) nunca são dados ou comunicados do exterior. São sempre resultado do esforço e do progresso próprios do homem. E devem ser obtidos por ele mesmo. "A regra inflexível é que sejam quais forem os poderes que alguém obtenha, *ele deve adquirir por si mesmo.*" (*C.M.*) Nem pode o Mestre interferir, por menos que seja, no *karma* pessoal de seu discípulo, "os Sábios não se atrevem a impedir o fruto do *karma*". (*V.S.*)

É desejável que se compreenda com exatidão o que realmente é a Lei do *Karma*, ou Lei de Ação e Reação, igual e oposta. Lei que nunca pode ser revogada, alterada ou evitada. O Universo inteiro é uma expressão externa da lei universal. Toda causa – que implica emprego de energia em qualquer plano de nosso ser, físico, emocional, mental, espiritual – acarreta, em alguma ocasião, em algum lugar, seu resultado inevitável e exato. Diz-nos H.P.B. – como mencionei anteriormente – que as Leis da Natureza são o registro da Mente Divina na matéria. Estão aqui os verdadeiros "Mandamentos de Deus." Obedecer-lhes é semear felicidade e força. Desobedecer-lhes, mesmo que por ignorância, é incorrer em desgosto, doença e morte.

É costume falar-se de "mau *karma*" quando ocorre um resultado desagradável ou penoso. Às vezes, perguntamos o que fizemos para merecer tal coisa, mas na verdade não há nem bom nem mau *karma*, no que diz respeito a este assunto, existe somente a lei inflexível que dirige os acontecimentos divinos. Uma das primeiras coisas que o aspirante aprende é a identificar-se com a lei universal, tanto no que concerne ao seu próprio destino quanto ao dos outros, adaptando assim sua vontade à Vontade Daquele que o criou. Isso não quer dizer fatalismo ou resignação cega, mas esforço incessante para compreender e cooperar com as forças evolutivas da Natureza. "Ajude a Natureza e trabalhe com ela." (*V.S.*) Nada pode acontecer fora da Grande Lei. Mas isso não quer dizer que abandonemos tudo para sofrer, como é, às vezes, a atitude no Oriente. O simples fato de aí estarmos e podermos ajudar indica que *queremos* ajudar. É parte do "*karma*" de outrem. Mas também significa suportar nosso destino com coragem e sem queixas.

Entrar no caminho oculto, mesmo em seus limites externos, é provocar grandes resultados *kármicos*. Isto é devido a que todas as energias do homem são dirigidas para um canal, e o resultado é potente e imediato. Para usar um símile rudimentar – é como um campo coberto com drenos. Se for aberto um canal e para ele drenados os canalículos, o fluxo resultante poderá mover um moinho. A vida do discípulo, encurtando por seu esforço seu tempo de crescimento, é geralmente cheia de problemas, acontecimentos inesperados que ele tem de encarar e dominar, aparentemente sozinho. Isso requer enorme coragem. Consequentemente, todos os aspirantes devem reunir suas reservas mais profundas de coragem.

Talvez pudéssemos começar treinando-nos para suportar uma certa quantidade de desconforto. Não sugiro que se siga o exemplo de alguns Santos cristãos, cuja extrema austeridade destruiu a utilidade de seus corpos físicos; mas que se conserve viva a faculdade de suportar dores. Hoje em dia nos tornamos cada vez mais escravos do luxo e do conforto. Se um homem deseja atingir as alturas, ele deve aprender a dizer não a si mesmo. Dr. Cronin relata a história da infância do famoso físico, Nikola Tesla. Ele contou ao dr. Cronin que começou quando ainda era um menino de doze anos. Se alguém lhe desse um doce ou um bolo, ele o daria de presente. Se houvesse uma tarefa ou um exercício que lhe fosse desagradável, ele o faria, não importava o quanto sofresse. "Assim", dizia ele, "com o passar do tempo, o conflito cessou. Meu desejo e minha vontade tornaram-se um". As pessoas, em sua maioria, são governadas por seus desejos. Pensam que devem ter aquilo que querem, ainda que os céus desabem! Mas o homem autoindulgente nunca atinge o Reino do Céu.

Encarando os problemas da vida, usemos, da melhor maneira que nos for possível, *nosso* discernimento e *nossa* vontade. Não quer dizer que, por vezes, não procuremos esclarecimento com amigos mais sábios e mais experientes, mas no final, devem ser *nossas* a decisão e a vontade. Discernimento, decisão, propósito generoso controlados pela inteligência, são resultados de esforços de nossa parte, nunca o resultado de seguirmos cegamente a recomendação dos outros. "Primeiro por impulso natural, e depois por esforços autoinduzidos e autodeterminados, conforme seu *karma*", diz H.P.B. O Adepto é governado pela Vontade Divina que também se tornou sua, mas essa transformação nunca é possível até que sua própria visão e vontade estejam completamente desenvolvidas. "Cada homem é para si mesmo, em absoluto, o caminho, a verdade e a vida. Mas ele somente é isso quando domina firmemente sua individualidade e, pela força da sua vontade espiritual desperta, reconhece essa individualidade como não sendo ele próprio, mas algo que ele criou com dificuldade para seu próprio uso e por meio do qual ele se propõe, à medida que seu crescimento lentamente desenvolver sua inteligência, atingir a vida que está além da individualidade." (*L.C.*).

Mas, dizem os temerosos, suponhamos que cometemos um engano? Aquele que nunca comete um engano nunca faz coisa alguma. Este é o caminho dos ocasionais acertos e erros individuais. Não podemos evitar cometer erros, mas nenhum erro realmente importa desde que sejamos bastante corajosos para tirar uma lição dos resultados. Somente desse modo podem ser despertadas e desenvolvidas as faculdades de discernimento, decisão e vontade. Eis por que, mesmo com chelas aceitos, o Mestre não pode tomar decisões por eles ao dirigir seu caminho de crescimento. O máximo que ele pode fazer é dar uma indicação, se o chela tem o discernimento para ver e a vontade para agir de acordo com a indicação.

E se há um fracasso, ele não é final. Como Annie Besant disse em certa ocasião: "Não há insucesso, exceto em deixar de lutar". "Cada tentativa sincera", diz *A Voz do Silêncio*, "ganha sua recompensa no devido tempo". Essas provas devem ser suportadas com uma coragem que nunca vacila. "Tenha paciência, candidato, como alguém que não teme falhar, nem corteja o sucesso." (*V.S.*) A paciência é um aspecto da vontade, bem como o é a perseverança. "Tenha perseverança como o tem alguém que deve resistir para sempre." (*V.S.*)

O Mestre Hilarion escreveu em certa ocasião que a coragem é uma qualidade do Eu Imortal que sabe estar isento da morte e da destruição. Ela, naturalmente, não pertence ao eu pessoal que, por sua natureza, procura autoproteção e autopreservação. Agir corajosamente é invocar a força do Ego, o Filho do Deus interior. Muitos homens em algum grande e crucial momento encontraram uma força que não sabiam possuir. Tal força vem ao fixar a "atenção de sua Alma na estrela a cujo raio você pertença". (*V.S.*)

Alguns leitores podem perguntar-se por que as qualificações preliminares para o caminho oculto tratam quase exclusivamente da natureza moral e não do desenvolvimento dos poderes psíquicos. Durante o período da Raça-Raiz anterior, os Adeptos atlantes requeriam de seus candidatos sensibilidade astral. Mas verificou-se que o desenvolvimento psíquico, a menos que precedido de um firme desenvolvimento da natureza moral, conduzia a terríveis dificuldades e desastres. Assim, sob a direção do Buda atual e de seus *Arhats*, as condições foram alteradas e a codificação das qualidades morais tiveram lugar. O Mestre K.H. sugere que podem acontecer terríveis desastres a alguém "que obtenha o poder proibido antes que sua natureza moral esteja desenvolvida o suficiente para seu exercício". (*C.M.*) Além disso, numa carta para outro aspirante, o mesmo Adepto escreve: "Não aspire ao chelado... Aquele que não é tão puro quanto uma criancinha deve desistir do chelado".

Talvez seja bom, neste ponto, reiterar algo que eu já disse em algum outro lugar sobre Ocultismo e mediunidade. Apesar de serem, algumas vezes, belas e inspiradoras as comunicações que chegam através de um médium ou de escrita mediúnica, tais comunicações *nunca* são o trabalho de um genuíno Adepto. As entidades do outro lado são muito espertas, adotando nomes importantes, e mesmo fazendo-se passar por Adeptos. Em minha longa vida tenho tido muita experiência dos horrores que podem provocar. Muita gente tem me procurado para se livrar de uma influência perigosa e dominadora. Algumas vezes consegui ajudar, mas muitas outras, infelizmente, não pude. Deve-se resistir com energia a *qualquer* influência vinda de fora. A compreensão espiritual surge no profundo da alma de um homem, e com *Esta* – a Voz do Eu Superior do homem – o Mestre pode comunicar-se por "osmose" ou acentuando uma vibração elevada.

O pior do desenvolvimento dos poderes psíquicos é a frequente acentuação do egoísmo pessoal, tanto pelo próprio homem quanto pela adulação de outros. Isto colore, distorce, desvia tudo quanto ele "vê". É como olhar através de uma vidraça colorida. O mundo exterior é também colorido. Os olhos da alma que podem verdadeiramente ver são completamente impessoais, um painel claro e branco.

A acentuação do egoísmo é altamente perigosa no caminho oculto. Pode acabar por levar um homem ao "Caminho da Esquerda", o caminho que levaria depois de muito tempo, à prática do mal e à extinção final. A diferença entre os Adeptos da Direita e os da Esquerda está principalmente na motivação. O Adepto da Esquerda adquire poderes e conhecimento até um certo grau, mas apenas em seu interesse egoísta. O Adepto da Direita adquire poderes e conhecimento no serviço do progresso e da felicidade de toda vida. A Sabedoria e a Verdade finais não podem ser obtidas no caminho do egoísmo. Egoísmo e motivos pessoais são chamados em *Luz no Caminho* "a gigantesca erva daninha". Ela pode viver, afirma essa escritura, no coração do discípulo devotado, bem como no homem mundano. Mas é infinitamente mais perigosa, embora seja um fator necessário na evolução do homem comum. Sem ambição, sem um motivo pessoal, a vida nada significaria para ele, não haveria nenhum incentivo. Enquanto essa ambição não prejudicar a outros, é um auxílio para seu crescimento.

A mediunidade frequentemente acentua este problema e é passiva, enquanto o Adeptado é *positivo* em todo o caminho. O Mestre escreve sobre um médium promissor que era atormentado por seus obsessores. "Eles nunca teriam voltado se ele tivesse conseguido dominá-los pelo fortalecimento de sua *vontade* independente... A mediunidade é anormal. Quando no desenvolvimento que se segue, o anormal dá lugar ao natural, os obsessores são afastados, e não mais é necessária a obediência passiva; é então que o médium aprende a usar sua vontade, a exercer seu poder. O processo é de desenvolvimento, e o neófito tem de ir até o fim. Enquanto ele estiver sujeito a transes ocasionais, não poderá ser um Adepto." (*C.M.*)

Devo também avisar aos meu leitores que "na Ciência Oculta os segredos não podem ser revelados de repente, por comunicação escrita ou mesmo verbal... A verdade é que, até o neófito atingir a condição necessária para o grau de iluminação ao qual e para o qual ele é interiormente chamado e habilitado, a maioria, *ou mesmo todos* os segredos são *incomunicáveis*. A receptividade deve ser igual ao desejo de instruir. A iluminação *deve vir do interior*. Até então não há mágica, não há encantamentos, não há diversão instrumental, não há conferências ou discussão metafísica, nem penitência autoimposta que possa dar a iluminação". (*C.M.*) Muitas informações interessantes e úteis podem ser adquiridas pela palavra escrita ou oral, mas nunca fatos e verdades espirituais. Nunca o verdadeiro Ocultismo é ensinado por lucro financeiro. É contrário à lei que qualquer instrutor espiritual exija dinheiro por ajuda espiritual.

Não é claro que grande vontade e coragem independentes são necessários? – e, direi mais, uma inteligência aguda, também. Mas sobre isso escreverei no próximo capítulo. Consideremos agora a vontade que, diz H.P.B., traz à existência os objetos que a imaginação esboçou. A vontade tem muitos aspectos: coragem, determinação, perseverança, etc. Mas, acima de tudo, é aplicada a si mesmo, nunca imposta aos outros. O que é, às vezes, ignorantemente considerada vontade é apenas arrogância, motivada pela enorme pressão do desejo pessoal. A força de vontade de um homem é medida pelo que ele pode fazer consigo mesmo, não pelo que pode impor a outros, a menos que ele seja chamado a exercer um certo plano de ação ruim ou bom. É a aptidão de conservar um propósito constante, apesar das oposições, das falhas e do sofrimento pessoal. Este propósito, no verdadeiro aspirante, é altamente espiritual, e foi bem descrito por Patañjali, que afirma que "o uso correto da vontade é o constante esforço de permanecer no ser espiritual", lembrando sempre que somos Imortais e não essa personalidade passageira, que o Mestre chama "sombra".

Coragem e vontade são os dois lados da mesma qualidade, pois a coragem é necessária para fazer esforços, conservar a direção, encarar as provações e os sofrimentos do caminho que a vontade escolheu e tem de seguir. O caminho escolhido, seguido firmemente, é como um fio de ouro inquebrantável, conduzindo um homem através de muitas mortes e nascimentos, até que, no final, o leva ao término, à gloriosa consumação do Conhecimento e do Poder, para ajudar toda a vida com Sabedoria e Amor. Nas palavras do místico e poeta William Blake: "Dar-lhe-ei a ponta de um fio dourado; basta enrolá-lo numa esfera. Ele o levará ao portão do Céu, e ao muro de Jerusalém".

Como o Mestre K.H. disse a Sinnett: "Ele deve ter um coração e uma alma revestidos de aço e feitos de ferro, uma determinação infalível e, no entanto, deve ser suave e gentil, humilde, e deve ter fechado seu coração para todas as paixões humanas que levam ao mal. Você é assim?". O Mestre pergunta ao amigo e aspirante. (*C.M.*)

CAPÍTULO 13

Inteligência

Dois degraus na Escada de Ouro são "mente aberta e intelecto ardente". Ninguém que esteja secretamente amarrado a qualquer concepção pode ser um ocultista. Ele deve estar aberto. Já mencionei como são formadas "cascas" ou endurecimentos dos limites da radiação humana ou "aura", por ideias e interesses egoístas estabelecidos. Qualquer preconceito, mesmo que não produza um endurecimento da aura, torna um homem, pelo menos em um aspecto, totalmente insensível. A rigidez do pensar faz isso como o veículo mental da consciência; egoísmo ou motivações e desejos egoístas fazem o mesmo ao revestimento emocional. Como já foi dito, o Mestre pode aumentar as correntes da radiação da aura de um homem, mas ele não pode fazer isto se houver uma moldura endurecida, pois, assim fazendo, produziria um desastre no ser psicológico do chela. Por isso é bom, se nos for possível, que nos livremos de preconceitos e opiniões imutáveis. Não fiquemos, portanto, muito seguros de que *sabemos*, ou, se for o caso, que alguém mais sabe com certeza. Não considere a autoridade como infalível. Conserve a fluidez. Esteja sempre pronto a mudar uma perspectiva, se uma razão, uma experiência ou um conhecimento adicional assim recomendar. Ninguém neste Universo é infalível. Pedir infalibilidade é confissão de fraqueza. Aprenda, aprenda, aprenda da vida e esforce-se por compreender. Pensemos por nós mesmos, e prestemos atenção à preguiça natural do homem e ao seu amor pelas coisas fáceis, com os quais ele procura a cadeira confortável da autoridade. As almas imaturas necessitam do apoio e consolo de uma autoridade aceita. Mas o futuro ocultista não pode ser uma alma fraca ou imatura. Ele deve moldar sua própria vida, decidir por si mesmo, criar seus princípios de ação, ficar sobre seus próprios pés, custe o que custar.

Gostaria de inserir aqui um verso de Richard Burton, o autor de *The Arabian Nights*:

"Faça aquilo que sua coragem mandar que faça;
De ninguém senão de si mesmo espere aplauso;
Quem vive e morre com mais nobreza,
É quem faz suas próprias leis e as obedece."

Compare isso com as palavras de H.P.B. em *A Doutrina Secreta*, dizendo que o homem perfeito não é modelado por outro, mas assim *se torna* "por esforço autoinduzido e autoiniciado, conforme seu *karma*, assim ascendendo todos os degraus da inteligência, do mais baixo ao mais alto *Manas*" (Proêmio de *A Doutrina Secreta*). Evidentemente, as forças centrífuga e centrípeta da Natureza fazem a alma progredir da mente concreta comum para a mente metafísica sublime.

Para chegar àquela vida mais divina e se unificar com ela, um homem deve galgar "todos os graus de inteligência". É uma questão de progresso sequencial e lento. Mas percepções de imortalidade vêm muito antes que essa finalidade seja atingida. A mente mais elevada, abnegada, que tudo inclui, não é atingida apenas porque alguém imagine havê-la alcançado. Chega-se lá por um progresso lento, firme e por aspiração; *Antahkarana* ou a "ponte", forma-se com *Manas* ou mente aspirando ao que está acima, e aos poucos purificando-se de qualquer traço de egoísmo. Isto é, certamente, o eu mais divino, aquele impulso que faz um homem "destruir" o eu pequeno e aprender a distinguir a voz imortal das vozes falíveis de sua natureza imperfeita. Assim escreve H.P.B. "Autoabnegação somente é possível àqueles que aprenderam a conhecer a si mesmos; àqueles que nunca se enganaram tomando o eco de suas próprias vozes interiores – as do desejo egoísta ou da paixão – pela voz da inspiração divina ou por um apelo de seu Mestre". Quantas vezes o sensitivo imaturo ou não purificado comete este erro!

Ela escreve também que "o Autoconhecimento dessa espécie é inatingível por aquilo que os homens usualmente chamam 'autoanálise'. Ele não é atingível por raciocínio ou por qualquer processo cerebral; pois é o despertar da consciência da natureza divina do homem". (*Lúcifer,* vol. I, nº 2, outubro de 1887, p. 89). Em *A Doutrina Secreta,* H.P.B. descreve o processo de formação dessa "ponte" ou o meio de comunicação entre a mente "inferior" e a "superior" assim: "*Manas* pode ser descrito como um triângulo superior ligado com o inferior por uma linha fina que os junta. Esta é *Antahkarana*, a passagem ou ponte de comunicação que serve como um elo entre o ser pessoal cujo cérebro físico está sob a influência da mente inferior animal, e o Ego Espiritual, o 'Homem Divino'". (*D.S.,* vol. III)

O que é inteligência? Não é a mesma coisa que intelectualismo. Um homem intelectual é aquele que juntou um grande número de "fatos", e depois os arrumou com método em sua mente, e pode exteriorizá-los quando necessário através da fala ou da escrita. Mas, às vezes, gente com muita inteligência desse tipo pode ser grandemente estúpida. A verdadeira inteligência é um poder espiritual, *Manas* iluminado pelo espírito. O intelecto cresce por comparação; a inteligência, procurando princípios e leis unificadores e fundamentais. A inteligência acarreta lucidez, que o Mestre K.H. diz "não ser um dom, mas uma possibilidade universal comum a todos". (*C.M.*)

A mente treinada, acostumada ao método, é uma grande vantagem na vida de um homem. A mente é aprofundada, fortalecida e aumentada pelo firme pensar, e isto se reflete no cérebro que também se desenvolve. O futuro ocultista pensa, estuda, medita, pondera, etc. Uma das condições preliminares para o *Yoga*, diz Patañjali, é "pensamento e estudo profundos".

Uma das faculdades importantes da mente é a imaginação, ou o poder de formar imagens. Este poder está de forma contínua, consciente ou inconscientemente, produzindo "formas-pensamento" que vivem enquanto durar a força original que as criou, a menos que continuamente renovada. Assim, todos nós criamos um mundo universal inteiramente nosso ao nosso redor. Este mundo invisível tem um efeito muito forte sobre nosso mundo visível, especialmente em nós mesmos. Escreve o Mestre K.H. a Sinnett, "ao evoluir, todo pensamento passa para o mundo interior e se torna uma entidade ativa associando-se, crescendo junto, se assim podemos dizer, com uma das forças semi-inteligentes dos reinos. Ele sobrevive... por um período maior ou menor, proporcional à intensidade original da ação cerebral que o criou. Assim, um bom pensamento perpetua-se como um poder ativo beneficente; um mau, como um demônio maléfico. E assim o homem está continuamente povoando seu espaço com um mundo de criações de suas fantasias, desejos, impulsos e paixões; uma corrente que reage sobre qualquer sensitivo ou qualquer sistema nervoso que entra em contato com ele, proporcionalmente a sua intensidade dinâmica... O Adepto desenvolve essas formas conscientemente; outros homens as emitem inconscientemente". (*The Occult World,* de A. P. Sinnett, 1884, pp. 89-90)

Essas formas são frequentemente tomadas erroneamente como realidades, por videntes não adestrados, seres independentes, e assim aquele que procura tem confirmadas suas "realizações-desejos". Uma das "provas" da Iniciação é mostrar a aptidão de distinguir entre uma forma-pensamento e uma realidade independente.

Essa nossa faculdade de criar imagens é uma força poderosa e influencia nossa condição, nossa vida de todo dia mais do que a maioria das pessoas compreende. Wordsworth chama isso "o poder criador da mente, assim edificamos o ser que realmente somos". O poeta elisabetano Spencer escreve: "Pois é da alma que o corpo toma forma, pois a alma é forma e faz o corpo". Médicos modernos estão descobrindo isto, e H.P.B. ensina que "A metade, se não dois terços das moléstias e doenças são fruto de nossa imaginação e de nossos medos. Destrua esses e dê outra orientação à anterior e a natureza fará o resto".

As concepções e imagens mentais que criamos nos fazem prisioneiros. Nenhuma imagem mental é a verdade de alguma coisa, é somente seu *símbolo*, embora a verdade invisível, impalpável possa brilhar *através* dela. Cumpre que não tomemos nossas formas-pensamento por realidades. Mais uma vez nos diz H.P.B.: "Surgem concepções que podemos formular. Elas formarão quadros mentais, mas não representam a Realidade. Estes quadros se desvanecem. Siga trabalhando sem preocupações e logo outros vislumbres sem forma chegarão e darão origem a quadros maiores. Por fim, o mais significativo entra e reside no mundo SEM FORMA, mas do qual todas as formas são reflexos".

A mente é, assim, a criadora de todas as formas-pensamento, de símbolos. Um símbolo verdadeiro – como sugere a origem grega da palavra – é um sinal indicador da direção, se temos a intuição de segui-lo, podemos discernir alguma coisa da Realidade que o símbolo traça.

O intelecto é um bom servo, mas um mau patrão; em *A Voz do Silêncio* denomina-se o intelecto "o assassino do Real!". Assim, mais uma vez o Mestre escreve a Sinnett: "Faça por assimilar a profunda verdade de que o intelecto não é, por si mesmo, todo-poderoso; que para 'mover montanhas,' ele tem primeiro de receber vida e luz do princípio mais elevado – o Espírito". (*C.M.*) É a tendência atual da humanidade glorificar o intelecto e o uso intenso da mente. Mas o intelecto nunca fez, em seu estado não iluminado, com que se encontrasse Deus. Nas palavras de Annie Besant: "É o coração puro, e não a cabeça cheia, que nos conduz até os pés do Mestre".

Mais uma vez diz H.P.B.: "O principal requisito para a aquisição do Autoconhecimento é o amor puro". (*The Theosophist*, agosto de 1889, p.663) Mas então o que é amor? Penso que nada tenha a ver com sentimentalismo ou emoção possessiva. Tenho verificado que as pessoas mais sentimentais são egoístas e cruéis. Não é possível falar de amor, diz Krishnamurti, ele é um estado de ser. O Mestre D.K. escreve: "Amor, esotericamente é, na verdade, compreensão perceptiva." Citando Annie Besant mais uma vez: "O Amor é maior que a inteligência. E a natureza do amor e a natureza divina estão tão proximamente fundidas que o homem que ama seu irmão não estará longe do amor de Deus".

Assim, desenvolvamos os poderes de nossas mentes, não nos deixando enganar por eles, mas devotando-os a um serviço nobre. "Mente aberta e intelecto ardente" são dois instrumentos úteis ao serviço do Mestre. São degraus necessários na escada que leva para cima, pois nenhum homem sem inteligência pode se tornar um chela. Mas tendo verdadeiramente transcendido, o homem é levado do conhecido para o Desconhecido, do visível para o Invisível, e estes, diz São Paulo, são por si mesmos "a prova das coisas não vistas" (*Hebreus*, 11:1) e "as coisas que são vistas são transitórias, mas as coisas que não são vistas são eternas". (*Cor. II, 4:18*).

CAPÍTULO 14

Percepção Espiritual

Esta é a preparação fina e sutil para a verdadeira percepção interior que resulta de um coração purificado e de um pensamento profundo e firme. Um aspecto dela é a meditação, mas este tema tornou-se tão em moda que quase se tornou um embuste. Talvez a melhor descrição da meditação, de qualquer forma, em seus estágios primitivos, seja a história da Mãe do Senhor no Novo Testamento. Quando coisas admiráveis aconteciam ao seu redor, e outras pessoas ficavam pasmas e comentavam, Maria serenamente "ponderava todas estas palavras em seu coração". (*Lucas 2:19*)

É uma boa palavra, "ponderar"; George Arundale gostava muito dela. É a forma primária mais fácil e mais saudável de meditação. Diz-nos o Velho Testamento: "Pondera a vereda de teus pés, e que todos os teus caminhos sejam corretos". (*Provérbios 4:26*) O sucesso da meditação depende da pureza, generosidade e sinceridade do coração humano. Não é saudável meditar tendo em vista um objetivo egoísta, a aquisição de poder, a aquisição de conhecimento, conforto e segurança para si próprio. *Demore* no pensamento de modo que, lentamente, sem esforço, possa surgir a compreensão.

Demore no pensamento sobre a vida, nos problemas e acontecimentos da vida, nos esplêndidos pensamentos que podemos ler ou ouvir. Percepção espiritual não é apreensão intelectual; é mais uma percepção de "valores", princípios universais, significados eternos. Um pouco de tempo devotado todos os dias para "demorar em pensamento" acarreta grandes mudanças no caráter e na perspectiva. Isto trará "a visão constante para o ideal de progresso e perfeição humanos que nos mostra a Ciência Secreta". Este ideal deve tornar-se a tendência e o objetivo sinceros do homem em sua totalidade.

Os sistemas de meditação fazem grande uso da imaginação adestrada. A imaginação não adestrada, que Patañjali chama "fantasia", pode arruinar a vida humana. Santo Inácio de Loyola faz um emprego especial da imaginação, recomendando que se faça uma representação vívida dos acontecimentos da vida de Cristo, colocando-os na multidão em torno Dele e, finalmente, abandonando o sentido de tudo, menos Daquele, do seu Senhor.

A imaginação controlada é um poder criativo admirável, pois cada um dos nossos pensamentos, como o Mestre salientou, torna-se uma entidade no outro lado, influenciando-nos e a outros para o bem ou para o mal. Uma forma-pensamento, a menos que de grande e permanente interesse, não dura muito tempo, a não ser que reforçada mais uma vez pelo pensamento. Os "demônios tentadores" dos bêbados ou dos sensualistas, por exemplo, são criaturas de sua própria criação, mesmo quando temporariamente animadas por seres subumanos no plano astral. Semelhantemente, uma esplêndida forma-pensamento, digamos, do Senhor Cristo ou de um Mestre de Sabedoria, pode agir como um agente de sua consciência, se ele assim quiser. Como isso é produzido, pode facilmente ser visto. Uma fotografia da pessoa amada, mesmo que de há muito falecida, aparece cercada de carinho e permanece por um lapso de tempo, torna-se "viva". Isto significa que se estabeleceu uma relação entre a alma da pessoa amada e a alma daquele que pensa. O retrato torna-se o meio para um fluido sutil de magnetismo. Eis a razão das estátuas e dos objetos sagrados, das relíquias de Santos, etc.; embora não se deva exagerar sob pena de sermos escravizados por eles.

O fato a ser lembrado é que uma forma-pensamento, analogamente, pode vir a ser magnetizada. Por exemplo, um devoto pinta para si mesmo a figura de seu adorado Senhor. Não tem a mínima importância se a pintura se parece ou não com o original. O contínuo pensamento dirigido à pintura conserva-a viva e presente. Pode muito bem acontecer que uma corrente em resposta atinja o devoto através dessa pintura interior.

O próprio Mestre fala sobre isso. Diz ele que "a grande dificuldade a ser vencida é o registro do Eu Superior no plano físico". Para se conseguir isso, o cérebro físico deve ser esvaziado de todo pensamento, menos o da consciência superior. "Tente colocar-se em tal estado que nada sinta do que possa acontecer ao corpo físico; de fato, separe-se de seu corpo." Então ele nos adverte: "Se nessa tentativa você sentir qualquer coisa, qualquer influência estranha, vindo-lhe de fora, interrompa logo a concentração. Não devemos nos tornar médiuns". Ele nos diz então que pensemos no Mestre como um homem vivo no nosso mundo interior, façamos dele uma imagem no templo dourado do *chakra* do coração; de modo a perder todo sentido da existência corpórea no pensamento. Pois o pensamento do Mestre é a melhor salvaguarda contra fantasmas, obsessões, etc. Todos nós criamos formas-pensamento do Mestre na luz astral. Pode ser que se um homem está se aproximando do Caminho, um Mestre "enviará sua voz", o que não quer dizer qualquer forma de clariaudiência, mas sim uma impressão profunda. Ou pode resultar numa impressão vinda de seu próprio Ego Imortal.

Cabem aqui algumas sugestões para a vida diária feitas por H.P.B. Ela diz: "Pondere dia e noite sobre a irrealidade de tudo quanto o cerca... A primeira grande ilusão básica que você tem de vencer é sua identificação com o corpo físico. Comece a pensar em seu corpo como nada melhor que a casa em que você tem de viver temporariamente, e então você não cederá às suas tentações... Após seus primeiros esforços, você começará a sentir um indescritível vácuo e uma desolação em seu coração; não tema, encare isso como a luz suave pronunciando o nascimento do sol da Bem-aventurança Espiritual. A tristeza não é um mal. Não se queixe; o que parecem ser sofrimentos e obstáculos são, frequentemente, na realidade, os misteriosos esforços da Natureza para ajudá-lo em seu trabalho, se você está apto a administrá-los convenientemente. Encare todas as circunstâncias com a gratidão de um aluno". *(Theosophical Siftings,* nº 3, vol. 2, 1889)

Nosso mundo interior da imaginação e do pensamento é chamado pelos psicólogos de "subconsciente". É o mundo astral, embora evidente para os sentidos, e é a segunda Sala de *A Voz do Silêncio*, que nos adverte de não levar muito a sério suas formas ilusórias. O grande ponto a ser lembrado aqui é que todas as formas-pensamento autocriadas, embora admiráveis e inspiradoras, *não* são a Realidade, mas apenas símbolos dessa Realidade. Quanto mais verdadeiro o símbolo, mais a radiação da Realidade pode atingir o aspirante. As formas-pensamento autocriadas também condicionam nossa vida celestial após a morte. A mente pode apenas *simbolizar* a verdade, nunca discerni-la. Esse poder fica acima da mente, e a ponte para essa realização é a mente aspirante purificada, por completo, de todo pensamento egoísta. A visão e os fatos da consciência espiritual nunca são descritíveis em palavras. O Deão Inge escreve: "O que pode ser descrito e manuseado não é a própria visão, mas os símbolos inadequados pelos quais o vidente tenta guardá-la em sua memória".

Esses símbolos ou formas-pensamento gradualmente desaparecem, à medida que a consciência superior vai sendo atingida; "Mas tais experiências", continua o Deão, "que antes possuem um homem do que são possuídas por ele, são de natureza passageira como a beleza de um pôr-do-sol... A linguagem, não feita para tais propósitos, falha lamentavelmente ao reproduzir mesmo seu pálido reflexo". Alguém disse uma vez que falar de suas experiências interiores é perdê-las.

Dr. Alexis Carrel, em seu livro *Reflections on Life,* diz: "A alma no meio de uma noite escura de racionalidade escapa do tempo e espaço e, por um processo que os próprios grandes místicos nunca puderam descrever, une-se com o inefável substrato de todas as coisas". O escritor católico Dom Curthbert Butler, em *Western Mysticism* escreve: "A recordação consiste no esforço de banir da mente todas as imagens e os pensamentos de coisas externas, todas as percepções sensoriais e os pensamentos das criaturas; então os processos de raciocínio do intelecto são silenciados e assim, por esse exercício da abstração, é produzida uma solidão onde a alma pode operar no máximo de suas faculdades espirituais. Introversão é a concentração da mente em sua parte mais elevada e mais profunda".

Esta é a terceira Sala de *A Voz do Silêncio*, a Sala da Sabedoria, além da qual se estende a fonte eterna da onisciência. A primeira sala, a Sala da Ignorância, é esta vida terrena, assim chamada porque nada aqui, no mundo dos fenômenos (uma palavra que significa aparência somente), é como aparece, e H.P.B. diz que aqui somos constantemente autoiludidos. Se desejamos atravessar esta Sala em segurança, devemos aprender a não nos iludir, tomando os prazeres terrenos pela Luz solar da vida. A segunda Sala, como já disse, é o mundo psíquico ou astral, o mundo das formas-pensamento e do desejo, o primeiro nível do "subconsciente". Muito tem-se que aprender aqui; esta é, assim, chamada de Sala do Aprendizado, mas nunca é a verdade real das coisas. Somos prevenidos de não procurar aqui o nosso Guru. Ele reside somente no terceiro nível, no mundo Espiritual, onde "a luz da verdade brilha com glória imperecível". E é dito ao aspirante: "Aquilo que não foi criado mora em você, discípulo, como mora naquela Sala", e para unificar outra vez as duas luzes eternas, devem ser transcendidas todas as imagens dos sentidos.

Essa é uma forma muito avançada de meditação chamada na Índia pelo belo nome de *Samadhi*; o ocidental a chamaria Êxtase. Ele vem subitamente. "A vinda do Reino de Deus não é observável." (*Lucas 17:20*) Paul Brunton em *The Inner Reality* escreve: "não é um despertar gradual de mais e mais verdade. Trata-se de um súbito renascimento no Reino do Céu e, quando chega, é como a luz de um relâmpago... Quando você entrega seu ego e atinge a verdade, você não age mais; é acionado. Você não mais fala, 'é falado'. O que significa que a Superalma encontrou um foco e um aparelho, neste mundo material, que não tinha antes". Diz H.P.B. que o Eu Superior deseja derramar-se em seu representante aqui, mas não pode fazê-lo até que esse eu tenha "adorado e reverenciado". Dr. Bucke, em *Cosmic Consciousness*, descreve a intuição espiritual em termos semelhantes.

Não posso deixar de citar as belas palavras de Santo Agostinho, escritas em suas *Confissões*: Ele orou "Oh Deus, ajudai-me a Vos perceber, ajudai-me a perceber a mim mesmo. Pois compreendendo-Vos, eu me conhecerei. E uma vez que eu me conheça, Vos conhecerei. Assim, Vos imploro, meu Deus, que eu me descubra para mim mesmo". Ele veio então "para os campos e lugares amplos de minha memória, onde estão os tesouros de inúmeras imagens... Aí está guardado seja o quer for que eu pense. Em seu espaço limitado estão, de maneira semelhante, arquivados os relatos de minhas emoções... Passo a passo fui levado para cima, dos corpos para a alma que percebe por meio dos sentidos corpóreos; e daí para a faculdade interior da alma para o qual os sentidos corpóreos relatam as coisas externas... E, mais uma vez, daí para a faculdade raciocinadora, a cujo juízo é relatado o conhecimento captado pelos sentidos corpóreos. E quando essa força, também em meu interior, verificou-se mutável, ela se ergueu para sua própria inteligência, e retirou seus pensamentos da experiência, abstraindo-se da multidão contraditória das imagens sensoriais para que pudesse encontrar aquela luz em que era banhada quando exclamou que, além de toda dúvida, o imutável é preferível ao mutável; de onde também ele conheceu Aquele Imutável, e assim com rápido golpe de vista ele chegou ÀQUILO QUE É".

E somente mais uma citação, do abençoado Plotino: "A visão do Bem brilha somente até o ponto em que o vidente possa receber o influxo da radiação mental... Ele esquece todos os sentidos e movimentos corpóreos e *fica sereno*".

Tudo isso lembra um dos ensinamentos de Krishnamurti: como, pela constante e desprendida observação dos pensamentos e das emoções, descobre-se uma camada após outra do consciente e do inconsciente, e então a mente se aquieta e se perde na visão sem nuvens da Eternidade e nas profundezas de toda a vida. Diz H.P.B. que "A verdadeira prece é a contemplação de todas as coisas sagradas, de sua aplicação em nós mesmos", e que "Todos os pensamentos como este devem ser intimamente interligados com uma consciência da Essência Divina e Suprema, da qual todas as coisas são originadas". (*The Path*, julho, 1889, p. 109)

Meus amigos, ponderem, aspirem, vivam com sinceridade, tornem-se cada vez mais "sintonizados com o Infinito", pois quanto mais possamos assim fazer, mais seremos úteis ao Mestre que desejamos de coração. Nunca esqueçam a Eternidade, nunca esqueçam o Mestre que é a corporificação da Eternidade, nunca esqueçam toda a vida lutando ao nosso lado no caminho que para lá vai.

Lembrem-se sempre de que o amor, a compaixão e a atenção do Mestre estão sempre em torno do verdadeiro aspirante. Escreve H.P.B. em *A Doutrina Secreta,* vol. III: "Finalmente tenha sempre em mente a consciência que, embora você não veja o Mestre ao lado de sua cama, nem ouça qualquer leve murmúrio no silêncio de uma noite tranquila, mesmo assim o Santo Poder está perto de você, a Santa Luz está brilhando na hora em que você tem aspiração espiritual e busca auxílio interior".

Parte 4

Discipulado: As Qualificações Para a Iniciação

CAPÍTULO 15

Viveka – *Percepção Interior*

Sankaracharya – Discernir o Eterno do transitório, o permanente do impermanente, a certeza de que o Universo é ilusório e de que *Brahm* (Deus) é a única realidade.

Budista: A abertura das portas da mente.

Cristão: "Procure e encontrará." (*Mateus 7:7*)

Livro de Kiu-te: Uma percepção intuitiva de si mesmo como um veículo do *Avalokiteshvara* manifestado ou *Atma* Divino.

Mestre K.H.: "A capacidade de distinguir o real do irreal, que leva o homem a encontrar o Caminho." *(Aos Pés do Mestre, J. Krishnamurti)*

São Paulo: "O homem natural não aceita o que vem do Espírito de Deus. É loucura para ele; não pode compreender, pois isso deve ser julgado espiritualmente". (*Cor I, 2:14*)

Annie Besant: "A capacidade de distinguir entre o Um e os Muitos, vida e forma, pondo de lado os elementos mutáveis em si e nos outros, e procurando ver o imutável em todos."

Desde tempos imemoriais foram pedidos, aos aspirantes, pela Grande Fraternidade, traços de caráter. Estes foram sistematizados pelo Senhor Buda e descritos por seu sucessor, o grande instrutor Shankaracharya, em seu pequeno tratado: *Viveka-Chudamani – A Joia Suprema da Sabedoria**. Este

---

* Publicado no Brasil pela Editora Teosófica, 1992, Brasília. (N. ed. bras.)

tratado está em sânscrito, mas nas Escrituras budistas foi traduzido em páli, uma forma de sânscrito. São as quatro grandes Qualificações, e a primeira é *Viveka*, frequentemente traduzida como *discernimento*, mas que eu chamarei de *Percepção Interior*[*].

É claro que, a menos que a mente de um homem, mesmo que sempre tão ofuscada, possa ter um vislumbre do objetivo a ser atingido, ele nunca dará um passo em sua direção. Ser capaz de vê-lo é o que chamo percepção interior. No começo da *Escada de Ouro*, dada a H.P.B. pelo Mestre Morya, estão colocadas as palavras "mente aberta, intelecto ardente, clara percepção espiritual". Uma mente com a visão impedida por preconceitos, dogmas, modos rígidos de pensar, provavelmente inculcados nos primeiros anos de sua juventude e ainda mantendo o homem prisioneiro, nunca pode discernir o caminho para o Adeptado. Ele deve *ver* antes que possa dar um passo naquela direção. "A alma deve estar sem liames, liberta de desejos." (*L.C.*) Não há lugar aqui para os dogmas autoritários de uma Igreja. Há somente *uma voz* a que o aspirante deve ser inteiramente fiel, cuja direção ele deve seguir sem condições e de todo o coração – se ele pode ouvi-la – essa é a Voz de sua Divindade interior, o limiar daquilo que em *A Voz do Silêncio* chama-se *Alaya*, a Alma-Mestra, a Alma Universal.

Mas a questão é ser capaz de ouvir a Voz e não tomar as suas próprias paixões, desejos e anseios como o mandato Divino. Se alguma vez a "voz" falar e nós a "ouvirmos", devemos ser totalmente fiéis, ou ela não mais falará. Mas, pode-se perguntar, não deveria o aspirante obedecer ao Mestre? É muito raro um Adepto dar uma ordem direta. "Aprenda", escreve o Mestre K.H. a Sinnett, "a ser leal à ideia antes que ao meu pobre eu." (*C.M.*)

---

[*] No original em inglês: *insight.* (N. ed. bras.)

O poder de "ouvir" realmente significa o desenvolvimento da percepção espiritual intuitiva, que, repito, significa o despertar para a consciência da natureza divina no homem.

Para o homem inteiramente sincero e que quer dedicar sua vida à pesquisa, não há meio termo. É *tudo* ou nada. Este é o significado da Sexta Bem-Aventurança do "Sermão da Montanha" do Novo Testamento: "Bem-aventurados os puros de coração, pois eles verão Deus". Ser puro de coração é ser absoluta e sinceramente dedicado à grande procura com todas as fibras de seu ser e, em cada momento, consciente ou inconscientemente, virar-se nessa direção. "Procuremos", com a inteligência e o coração puro, a fim de que um dia possamos nos erguer para o mundo além da inteligência.

A procura é interior, o caminho é longo, mas, se empreendido com fidelidade, levará uma alma por muitas vidas e mortes. A consciência divina é chamada em *Luz no Caminho* o "Cântico da Vida", e é dito ao aspirante que ouça esse Cântico. Não o ouvimos com os ouvidos físicos, mas com uma sensibilidade delicada que lentamente desperta em nossas almas. É dito que devemos olhar sempre e cada vez mais profundamente para nós mesmos, e olhar inteligentemente nos corações dos homens, pois a inteligência é imparcial e tudo tem de ser compreendido. Mas não o será antes que os laços da personalidade, todo o gostar e o não gostar, todos os seus preconceitos e frustrações sejam soltos, e a consciência tenha aprendido a se identificar com o Eterno interior e possa assim ficar livre da personalidade, aí então a compreensão e o poder virão para guiá-la.

Assim o primeiro passo é procurar com a mente nova, natural, desembaraçada, generosa. Procurar é sempre encontrar. Nenhum homem pode dar um passo na direção da divindade dentro de si mesmo, sem que o Eu Divino dê passos em sua direção. Ele é encontrado pelo amor e pela adoração altruísticas, nunca pela avidez pessoal do desejo de estatura pessoal. Ninguém pode acrescentar um centímetro à sua estatura. Somente a Graça de Deus pode fazê-lo, a Graça de Deus que é a verdadeira fonte de sabedoria, discernimento, ação perfeita. Esta é a explicação das palavras de São João: "Ele não pode pecar, porque ele é nascido de Deus". (*João II, 3:9*)

O discípulo no caminho faz por entender toda a vida, seus significados obscuros e o seu caminho natural de desenvolvimento. Muitas comunidades religiosas praticam o autoexame. Nossas mentes, corações e corpos são apenas os instrumentos de desenvolvimento do nosso verdadeiro eu, a ser tido como um texto de registro de experiência e experimento sérios. Mas eles não são verdadeiramente nós, embora de há muito nos tenhamos identificado com eles. Temos agora de afrouxar esses laços. É a vida inteira que procuramos e não uma pequena parte dela.

Este discernimento é descrito por Shankaracharya como o Deus que distingue, no Universo, o eterno do transitório. É uma faculdade que pode ser desenvolvida, e H.P.B. descreve o proveito disso:

"A primeira necessidade para se obter o autoconhecimento é tornar-se profundamente consciente da ignorância; sentir com todas as fibras do coração que se é *incessantemente* autoiludido.

O segundo requisito é a convicção ainda mais profunda de que um conhecimento intuitivo certeiro pode ser obtido por esforço.

O terceiro e mais importante é uma determinação indômita de obter e encarar esse conhecimento.

Autoconhecimento dessa espécie é inatingível pelo que os homens usualmente chamam 'autoanálise'. Não é atingido pelo raciocínio ou qualquer processo cerebral, pois é o despertar para a consciência da Natureza Divina no homem.

Obter este conhecimento é uma realização maior do que comandar os elementos ou conhecer o futuro". (*Lúcifer*, outubro de 1887)*

---

* *Collected Writings,* H.P. Blavatsky, vol. VIII, p. 108. (N. da autora.)

Há um ou dois pontos a serem notados aqui. Dizem os cristãos que o homem nasceu com o pecado original. As Escrituras hindus, mais condescendentes, afirmam que o homem sofre devido ao estado primário de *Avidya*, ignorância, sendo privado do verdadeiro conhecimento. O verdadeiro conhecimento vem à medida que a sua natureza espiritual profunda se desenvolve. Vindo à Terra, ele nasce no mundo da ignorância, a primeira Sala de *A Voz do Silêncio*, chamada Sala da Ignorância, e na qual todos os homens ou corpos morrerão. Penso que tem este nome porque este é um mundo fenomenal e não numenal, um mundo de efeitos e não de causas. E essa "aparência" é eternamente mutável de um momento para outro; nada fica como era de um segundo para outro. Nossos corpos mudam de um momento para outro. Este é o mundo do eternamente mutável, não o mundo dos Imutáveis. Este é o mundo do temporário, não do Eterno. Este é o mundo dos muitos mutáveis, não o mundo do Um, embora o Um esteja por trás de tudo. Tal como as profundezas do oceano, sereno e calmo abaixo da superfície revolta, o mundo do real está debaixo do mundo irreal. Pela superfície somos incessante e completamente iludidos; é para distinguir a ilusão e a verdade atrás dela que o discernimento é desenvolvido.

O segundo requisito implica "fé". Qualquer leve vislumbre da verdade divina nos dará fé. Sabemos – com o que o Mestre chama de "o conhecimento que a alma tem mas não aprendeu" – que algo é assim ou de outro modo, e temos a fé para procurar. Da fé nasce uma determinação invencível. Santa Teresa d'Avila era uma grande crente no valor da determinação.

H.P.B. diz que o conhecimento espiritual é inatingível por métodos intelectuais comuns, tais como a autoanálise. Penso que temos aqui a chave para compreender alguma coisa que Krishnamurti diz. Ele fala frequentemente da atenção aos nossos processos de pensamento e sentimento, sem escolha e sem personalização. Esta observação absolutamente impessoal do eu pessoal pelo superior é uma forma elevada de *Yoga*. Lentamente todo o processo da mente e das emoções são observados e compreendidos, camada após camada, desde a consciência superficial do dia a dia até o nível mais profundo da "subconsciência". Isto não é a autoanálise comum. O motivo é inteiramente diferente. Na autoanálise comum, o eu comum está julgando o eu comum, do ponto de vista de elogio ou condenação, lucro ou perda. A autoconscientização de Krishnamurti, sinto, é a compreensão de toda a vida até que a Vida, Ela mesma, seja alcançada.

Obter esse conhecimento é a maior das realizações, diz H.P.B., maior, muito maior e mais nobre do que as assim chamadas, "artes ocultas". "Poucos há que a encontram", disse o Senhor Cristo.

Assim o primeiro passo para encontrar o verdadeiro Eu é encarar nosso corpo como não sendo nós próprios, como a casa em que vivemos temporariamente, ou as roupas que vestimos, ou, como diz o Mestre K.H. em *Aos Pés do Mestre*, "o cavalo em que montamos". Este último é a melhor expressão de todas, pois nosso corpo é uma coisa viva com uma obscura vida elemental própria separada da nossa. Suponha que só pudéssemos ir a qualquer lugar cavalgando; então cuidaríamos desse cavalo, o trataríamos e o exercitaríamos devidamente. Assim também devemos tratar nossos corpos, que são valiosos, mas não identificar nossa consciência com eles. Um efeito indesejável dessa identificação comum, tremendamente próxima, é seu efeito sobre a radiação psíquica interpenetrante que, infalivelmente, segue o pensamento e o sentimento. Pensar que somos este corpo atrai a radiação da "aura" e concentra demasiada matéria psíquica ou astral sob a periferia da pele, causando congestão psíquica e ligeira tensão nervosa. Muita gente não tem radiação suficiente.

O "Caminho" é sempre o mesmo, a descoberta do verdadeiro homem interior. Tudo o mais deriva daí. *Viveka* é, assim, discernimento inteligente e percepção espiritual, e seu corolário, *Vairagya*, é a consequente firmeza diante dos "pares de opostos". O objetivo de *Viveka* é aquilo que está na prece do Rei Salomão: "Dai, portanto, ao vosso servo um coração compreensivo". Quando começamos a compreender a nós mesmos e aos outros, sem elogio ou reprimenda, talvez comecemos a ouvir a doce voz que tanto desejamos ouvir. Através do pensamento, da aspiração, da meditação, da determinação, lentamente o mundo divino e suas qualidades começarão a tornar-se visíveis. Mas não há metáforas que possam descrever essa visão interior. Está além da imaginação humana, pois nunca a mente humana conheceu alguma coisa semelhante, sua beleza gloriosa, certeza e verdade.

"Não sou este corpo que pertence ao mundo das trevas; não sou os desejos que o afetam; não sou os pensamentos que enchem a minha mente; não sou a própria mente. Sou a Chama Divina em meu coração, eterna, imortal, invisível. Mais radiante que o sol, mais puro que a neve, mais sutil que o éter é o Ser, o espírito dentro do meu coração."

CAPÍTULO 16

Vairagya – *Equilíbrio Entre os Pares de Opostos*

S*ankaracharya:* Indiferença aos frutos da ação no presente e no futuro.

Budista: Preparação para a ação.

Livro de Kiu-Te: Calma indiferença, mas justa apreciação de tudo que constitui o mundo objetivo e transitório, em sua relação com os mundos invisíveis.

Cristão: "Bem-aventurados os pobres de espírito, pois deles é o reino do céu."

Mestre K.H. "O primeiro requisito, mesmo para um simples faquir, é que ele deve ter treinado a si mesmo até saber permanecer indiferente tanto à dor moral como ao sofrimento físico." (*Cartas dos Mahatmas,* edição Cronológica, Carta nº 29). O Mestre também denomina esta qualidade "Ausência de desejos pessoais".

Imitação de Cristo: "Bem-aventurados são os de coração simples, pois terão muita paz. Porque se empenham em dominar todos os seus desejos terrenos, são capazes de dedicar a Deus a essência de seus corações."

Vairagya é, às vezes, chamada de divina indiferença. Significa a capacidade de permanecer sereno e firme sob qualquer circunstância, porque a alma está se tornando identificada com o Imortal Interior, que não é afetado pelas vicissitudes da vida, como nos diz o *Uttara Gita.* Minha imagem favorita é a rocha, a Rocha das Idades em nosso interior. A rocha permanece firme e inabalável, enquanto as ondas das circunstâncias a varrem. Às vezes ela é submergida, mas torna a aparecer limpa, lavada.

O caminho é descrito como tão "estreito quanto o fio de uma navalha". Diz a simbologia cristã que "estreita é a porta e apertado o caminho que conduz à Vida". (*Mateus 7:14*) Por quê? Porque a alma do ocultista está tão perfeitamente equilibrada entre os "pares de opostos", que é como se fora um fio de cabelo. Tudo no Universo retorna a si mesmo. Eis por que o símbolo mais completo é o círculo. Mesmo um planeta, mesmo um Universo está sujeito a esta lei eternamente cíclica. Assim, na peregrinação da alma há dois grandes "arcos" como Platão os chama, ou na linguagem do Oriente, o grande Caminho de Ida, o *Pravritti Marga* e o Caminho de Retorno, o *Nivritti Marga*. No Caminho de Ida, a fagulha da Divindade, não desenvolvida, ignorante, "inocente", come o fruto da Árvore do conhecimento do bem e do mal; ou, mais uma vez nas palavras do Oriente, entra no jogo dos pares de opostos. Por este método as faculdades adormecidas da alma são lentamente despertadas e atraídas para fora tornando-se autoconscientes e automotivadas. Estamos ainda sob o jogo dos pares de opostos, temos ainda o poder de escolha. Mais uma vez, por quê? Porque devemos aprender *como* escolher o bem e repelir o mal.

No *Nivritti Marga*, o Caminho de Volta, especialmente depois do despertar da consciência espiritual – o nascimento da natureza do Cristo no homem – ele se torna incólume aos pares de opostos. No estreito caminho do equilíbrio, ele é impelido para perto da segunda Árvore, a da consciência da imortalidade, a Árvore da Vida. Um querubim e uma espada flamejante guardam o caminho, sendo o querubim o Eu Superior do homem, o Deus interior. *Luz no Caminho* menciona o "guerreiro interior" e afirma que "ele é você mesmo, embora infinitamente mais sábio e mais forte do que você... Uma vez em seu interior e tendo se tornado seu guerreiro, nunca mais o abandonará por completo e, no dia da grande paz, tornar-se-á um com você".

Eis por que eu denominei *Vairagya* o equilíbrio entre os pares de opostos. *Vairagya* só pode ser atingido fixando-se o olhar da alma sobre o Imortal Interior, onde não há prêmio nem castigo. "Aprenda agora que não há cura para o desejo, nem cura para a busca egoísta de recompensa, nem cura para a miséria da cobiça, salvo pela fixação da visão e da audição naquilo que é invisível e sem som", (*L.C.*) isto é, naquilo que está além dos sentidos e não é alcançável pela mente. Diz o *Bhagavad Gita*: "Afeição e aversão pelos objetos dos sentidos residem nos sentidos; que ninguém caia sob o domínio desses dois; eles obstruem o caminho". (III,34)

Aquilo que nos coloca sob o comando dos pares de opostos é o desejo pessoal de resultados ou o medo deles. Assim diz o *Gita* ao discípulo: "Seu objetivo é a ação, nunca os frutos". (II,47) O chela faz aquilo que é correto, sem buscar resultados para si mesmo.

No princípio a renúncia do fruto de nossas ações cria um mundo cinzento, sem incentivo. Mas logo nasce a paz e aparece um incentivo mais elevado. O que é esse incentivo mais elevado? E o que deveríamos desejar? O desejo é a força motora da vida, seu aspecto superior é a vontade. Permitam-me citar o que H.P.B. escreveu em *Lúcifer*, em outubro de 1887:

"A vontade é uma posse exclusiva do homem nesse nosso plano de consciência [os animais são movidos pelo desejo em massa, pelo instinto, C.C.]. Isto o separa do animal, em quem somente o desejo é ativo. O desejo, em sua aplicação mais ampla, é a força criativa no Universo. Neste sentido é indistinguível da Vontade, mas nós, os homens, nunca conhecemos o desejo sob esta forma enquanto homens apenas. Por conseguinte, vontade e desejo são aqui considerados como opostos".

Prossegue H.P.B.: "A vontade é assim originária do Divino, o Deus no homem; o desejo é a força motriz da vida do animal. Os homens, em maioria, vivem no desejo e pelo desejo, confundindo-o com a vontade. Mas aquele que a tiver atingido deve separar vontade de desejo, e fazer da vontade sua regra; pois o desejo é instável, é sempre mutável, enquanto a vontade é firme e constante. Ambos, vontade e desejo, são *criadores* absolutos, formando o próprio homem e seu ambiente. Mas a vontade cria inteligentemente – o desejo cria de maneira cega e inconsciente. O homem, portanto, faz-se conforme a imagem de seus desejos, a menos que ele se crie à semelhança do Divino, através de sua vontade, filha da luz. Sua tarefa é dupla: despertar a vontade, fortificá-la pelo uso e fazê-la vitoriosa, tornando-a absoluta governante dentro de seu corpo e, paralelamente, purificar o desejo. Conhecimento e vontade são os instrumentos para a realização dessa purificação". (*C.Writings,* vol. VIII, p.109)

Ela nos diz como isto pode ser feito. "Quando o desejo ocorre puramente pelo abstrato – quando perdeu todo traço ou presença do 'eu' – então ele se tornou puro. O primeiro passo para essa pureza é matar o desejo pelas coisas materiais, posto que estas somente podem ser desfrutadas pela personalidade separada. O segundo é parar de desejar para si próprio, mesmo abstrações como poder, conhecimento, amor, felicidade ou fama, pois não são senão egoísmo, no fim das contas. A própria vida ensina estas lições; pois tais objetos do desejo constituem frutos do Mar Morto no momento do seu atingimento. Até aí aprendemos pela experiência. A percepção intuitiva capta a verdade *positiva* de que a satisfação somente é atingível no infinito; a vontade faz desta convicção um fato real da consciência, até que, finalmente, todo desejo seja centrado no Eterno." (*C.Writings,* vol. VIII, p. 129)

Devo colocar aqui mais uma citação de H.P.B.: "A felicidade não pode ser obtida na Terra. Aqui nós temos apenas uma entrada mal iluminada, e é somente abrindo a porta para o lugar real, a sala de recepção da vida, que veremos a luz. Quer se chame Céu, Nirvana ou *Swarga*, a substância é a mesma; o nome não importa. Mas o Princípio Divino é Uno, e há somente uma Luz, por mais diferentemente que possa ser entendida pelas várias trevas terrenas. Esperemos pacientemente o dia de nosso verdadeiro e melhor nascimento".

Mais uma vez, o que é o desejo correto? Em *Luz no Caminho* temos a resposta, quando é dito que devemos "desejar ardentemente", e "desejar posses acima de tudo". Isto quer dizer que as posses desejadas devem pertencer à alma pura do homem e, portanto, a todas as outras almas igualmente. E o chela é instruído para "ansiar" por tais posses sublimes e espirituais, para que possa acumular fortuna para esse espírito unido de vida que é sua única e verdadeira vida.

A paz que vem é a paz que ultrapassa o entendimento humano. "Todo desejo amarra", diz o Mestre K.H., "por elevado que possa ser seu objeto". E assim, como diz o *Gita*: "À renúncia segue-se a paz". Esta paz significa a descida do Ego, e, como disse o Senhor Krishna, tal homem "me é querido".

"Quando todos os grilhões desse coração forem rompidos aqui na Terra, então esse mortal adquirirá a imortalidade." (*Katha Upanishad*). Há uma bela passagem no *Paraíso* de Dante. Sob a direção de Beatriz, Dante encontrou no Primeiro Céu uma jovem monja que tinha sido tirada de um convento e casara, quebrando assim seus votos, por amor. Por isso nunca pôde atingir um céu mais elevado, e Dante perguntou-lhe se esse conhecimento não teria estragado sua felicidade. Sorrindo, ela respondeu:

"Vejo que você não compreende a natureza do amor que nos torna impossibilitados de desejar aquilo que o amor não nos tenha dado, pois *Sua Vontade é nossa Paz."*

Annie Besant disse, certa vez, que "no curso de uma longa vida ela chegara à conclusão de que nada neste mundo pode realmente dar errado, porque em todos os pontos aquilo que podia ser feito estava sendo feito, e mesmo aquilo que era aparentemente nocivo era a correção de alguma outra coisa. Assim, a longo prazo, aprende-se uma espécie de divina satisfação que não evita o empenho, mas evita a ansiedade. Deste modo, acreditando-se que o mundo está progredindo firmemente para novas possibilidades e poderes, podemos usar toda nossa força sem sermos prejudicados por preocupações desnecessárias".

Preocupação e ansiedade não pertencem à vida oculta. Elas solapam as energias da vida, as quais deveriam ser inteiramente concentradas no dever do momento. O Mestre M. disse a William Judge: "Nada lamente; nunca fique pesaroso, mas corte todas as dúvidas com a espada do conhecimento". O próprio Judge, em certa ocasião, aconselhou um aluno seu a encarar cada circunstância como aquilo que ele desejaria.

Assim o discípulo permanece sereno em qualquer vicissitude da vida, sucesso ou insucesso, felicidade ou infelicidade, porque o olhar de sua alma está fixo no Bem-Amado, quer ele o imagine sob o ideal do Mestre, ou o Supremo na Natureza e em si próprio.

Mais uma vez um belo excerto de H.P.B.: "A Harmonia é a lei da Vida, a discórdia é sua sombra, de onde brota o sofrimento, que é o professor, aquele que desperta a consciência. Pela alegria e tristeza, pela dor e pelo prazer, a alma chega ao conhecimento de si mesma; começa então a tarefa do aprendizado das leis da Vida, quando as discórdias podem ser resolvidas e a harmonia restaurada. Os olhos da sabedoria são como as profundezas do oceano, não têm nem alegria nem tristeza; por isso a alma do ocultista deve ser mais forte que a alegria e maior que a tristeza".

CAPÍTULO 17

Shatsampatti – *As Seis Joias da Mente*

17.1. *Sama:* Controle Mental

Estas são as qualificações mentais seguindo a atitude adquirida pelas duas precedentes – *viveka* e *vairagya* – e seu atingimento constitui *Sadhana*, o terceiro estágio do Caminho Probatório. O Mestre K.H. chama-as os Seis Pontos de Conduta. Os budistas as denominam Atenção à Conduta.

A primeira, da qual se originam todas as cinco restantes, é *Sama* ou *Shama*, o controle do pensamento. Shankaracharya a menciona como a concentração serena da mente em um objeto de percepção, isto é, não permitir que a mente se empenhe em outro pensamento que não seja:

1. Ouvir o que os sábios dizem sobre o Espírito.
2. Refletir sobre o que dizem.
3. Meditar sobre isso.

"*Sama* é a supressão do sentido interior chamado *namas.*" (Shankaracharya).

Isto lembra o que relata São Bernardo de Clairvaux: "Um dia quando eu estava ocupado com um trabalho manual, e começara a considerar os exercícios do homem espiritual, vi em meu pensamento quatro degraus a serem galgados: leitura, meditação, prece e contemplação. Eles constituem a escada do claustro que vai da terra até o céu".

Diz Patañjali que são três as condições preliminares para a verdadeira *Yoga*:

1. Dedicação completa e autotreinamento intenso.
2. Pensamento e estudo profundos.
3. Absoluta devoção ao Supremo, fazendo Dele o motivo para todas as ações.

Um velho sábio indiano diz que há mentes de quatro espécies, das quais somente duas são apropriadas à *Yoga*. Há a mente "borboleta" que voa de um pensamento para outro e é incapaz de fixar sua atenção, por muito tempo, em qualquer coisa. Há também a mente "confusa", movida e controlada pelas emoções que surgem. Estas duas são impróprias para a *Yoga*. Para as duas restantes a *Yoga* é possível; a mente que está possuída por uma ideia e, melhor ainda, a mente que possui uma ideia.

Estamos em um estágio de desenvolvimento do mundo em que os homens, em sua maioria, são governados por suas emoções, alguns por uma ideia – os fanáticos. Mas aquele que está preparado para a *Yoga* é o que está acima, possuindo, assim, todas as ideias.

Patañjali é muito esclarecedor no assunto de controle da mente. Ele considera três fatores: o cérebro, a mente que usa o cérebro, e o Eu Imortal "que observa através da cobertura da mente". As células cerebrais são semelhantes às teclas de um piano para o músico. Não há música no piano, a música está na alma do pianista, mas ele necessita das teclas para expressar sua música. A música o expressa mas, ao mesmo tempo, o limita. E se o instrumento está quebrado ou desafinado, nenhum músico pode demonstrar sua habilidade. No caso, por exemplo, de alguém mentalmente deficiente, a alma é extraordinariamente limitada para essa vida.

Patañjali* descreve todos os processos de pensamento como "*vrittis*", que podem ser traduzidos como "vibrações"

---

* Os *Yoga Sutras* de Patañjali foram publicados no Brasil pela Ed. Teosófica em duas versões comentadas: *A Ciência do Yoga,* de I.K. Taimni, e *Yoga, a Arte da Integração,* de Rohit Mehta. (N. ed. bras.)

ou "comprimentos de onda", e diz que *Yoga*, ou a união com a Superalma, é atingida pelo controle desses comprimentos de onda e, finalmente, por sua total cessação. Então a mente, como o espelho de um lago tranquilo, pode refletir o Imortal acima, e o homem alcança então sua verdadeira natureza e conhece a si mesmo como realmente é.

Como isso pode ser conseguido, já que todos sabem quão fugidios são os pensamentos? Quando são feitas as primeiras tentativas de controlá-los, fica-se na posição de um homem que está parado e vê o tráfego passar a sua frente. Enquanto estiver avançando com o tráfego, ele não estará consciente da passagem. Mas, se ficar parado, o verá passar. A resposta de Patañjali a essa questão é a mesma dada a Arjuna pelo Senhor Krishna no *Bhagavad Gita*. O príncipe diz que os pensamentos são muitos rápidos e que ele os julga tão difíceis de controlar como o vento. E o Senhor responde que isso *pode* ser feito "pela prática constante e pela serenidade". Os estados mentais, em maioria, são evocados por ligações emocionais, daí o valor da prática de *Viveka* (discernimento) e *Vairagya* (desapego). Os sentidos comunicam-se com a consciência que então cria imagens e conceitos. "Ver" essas imagens significa o poder de visualização, e um alto grau desse poder indica a aproximação do desenvolvimento psíquico.

Nós, a consciência, somos verdadeiramente prisioneiros da casa do corpo – Platão chamava isto de: "estar enterrado no *túmulo* do corpo" – e tudo que sabemos do Universo circundante é que ele se relaciona conosco pelas janelas de nossos sentidos, físicos e psíquicos. Podemos comparar os conceitos mentais, aí enquadrados, a claraboias no teto de nossa prisão. À medida que o tempo corre, diz-nos H.P.B., estes conceitos se ampliam, até que acabamos ficando livres de nossa prisão e nos viramos de frente para o céu aberto.

A Voz do Silêncio nos diz que aquele que ouve a "Voz" do Universo deve aprender a natureza de *Dharana*, intensa concentração e meditação, não confundida pelas imagens mentais, pois "a mente é a grande assassina do Real". Os Santos nos dizem que "Deus" não é captado pela mente. Ele está além.

A imaginação, como já foi considerado antes, é uma qualidade muito poderosa da mente. Em qualquer momento não somos nem maiores nem menores que a soma total de nossos pensamentos, como Shakespeare e Epictetus nos dizem.

A mente é uma luz, o órgão da "visão" interior, como fica claro na expressão comum: "Ah, *vejo* que nós estamos concordando". Podemos compará-la a uma lanterna que guia um homem num caminho escuro. Algumas pessoas têm lanternas maiores e mais brilhantes que outras, mas a menor das lanternas é suficiente para mostrar o próximo degrau. Quando projetamos a luz de nossas mentes para trás, no caminho percorrido, vemos imagens que chamamos memórias, e um dos passos no Nobre Caminho Óctuplo de Buda é a "Memória Correta". Não a memória de insultos e fracassos, mas aquela que é digna de ser colocada no altar de nosso coração.

Porém, olhar demasiadamente para trás pode ser prejudicial ao nosso progresso. Não podemos ficar sempre olhando para trás, ou tropeçaremos. "Mate em você toda memória de experiências passadas. Não olhe para trás, ou você estará perdido." (*V.S.,* aforismo 75)

Quando projetamos a luz de nossas mentes ante nós, *acima* da torrente do tempo, o que vemos? Mais imagens criadas pela mente, mas estas não foram ainda realizadas. São ideais, desejos, vontade de sucesso. Um ideal, se for uma verdadeira projeção do nosso Ego Imortal, "o Cristo interior", atrai-nos com força irresistível. "E Eu", diz o grande protótipo de toda a espiritualidade, "quando for elevado da terra, atrairei *todos* a mim". (*João 12:32*) Isto é contemplação.

Mas suponhamos que deixemos a luz de nossas mentes ficar pacífica e silenciosamente em algum pensamento ou problema imediato. Isto é concentração. E continuar o percurso do pensamento sem que outros pensamentos estranhos interfiram é meditação. Muitos livros são hoje escritos a esse respeito, alguns mais úteis do que outros. Não há descrições absolutamente perfeitas da meditação e da contemplação. Uma das melhores é de Santa Teresa, em *Castelo Interior ou Moradas*[*]. É um assunto muito individual, pois a alma do homem é ela mesma o "Caminho", e toda alma é única em sua natureza. Isso só pode ser aprendido ao ser feito, como disse Aristóteles: "A única maneira de se aprender a tocar harpa é *tocando-a*". Em momento de solidão, ou mesmo num ônibus cheio, a alma pode procurar iluminação, de forma delicada, pacífica e propositadamente, sem esforço, sem tensões ou ansiedade indevidas. Meditação é o começo da estrada para o interior. Todos nós povoamos nossa corrente no espaço com hostes de criações mentais nossas. Embora autocriadas, elas nos cercam e nos afetam o tempo todo. Os psicólogos chamam esse mundo interior de subconsciente. Entramos nesse mundo em pensamento, nos acostumamos com ele e andamos com ele. Mas o mundo da Realidade está ainda mais no fundo, além do pensamento e de todas as suas imagens, na Sala da Sabedoria.

Entretanto as formas são úteis a sua maneira, e o próprio Mestre diz-nos como usá-las. Goethe diz, em algum lugar, que há somente dois pontos de vista em religião, aquele que imagina Deus como a mais bela das formas, e aquele que pensa na Eternidade como sem forma, sem forma apenas para os sentidos daqui. O Senhor Krishna disse a Arjuna que a imagem com forma era o caminho melhor e mais fácil para a maioria das pessoas.

Empregue algum tempo diário para meditar, de manhã se possível, pois isso estabelece um ritmo que afeta o dia in-

---

[*] Livro publicado no Brasil pela Editora Paulus, 1981, Rio de Janeiro (N. ed. bras.)

teiro. Quando tranquilo e só, a mente e o coração podem procurar, ponderar e aprender a responder às potências invisíveis. Em momentos durante o dia, deixe que o coração se dirija para o céu. Encare toda a vida carinhosamente, com reverência e simpatia, pois a vida é Deus, e os acontecimentos são Sua Vontade em ação. O velho Padre Causade diz que "os deveres de cada momento são as sombras que velam a Ação Divina".

A Voz do Silêncio diz que a alma é como um pássaro engaiolado, mudo e sem som. Uma a uma devem ser quebradas todas as barras da gaiola – todos os desejos mesquinhos e preconceitos pessoais que mantêm a alma prisioneira – e o Pássaro de Deus é liberto e ensinado a voar outra vez. Quando, como uma ave canora, ele atinge bastante altura, suas asas tornam-se firmes, soerguidas pela atmosfera, e o silêncio do céu nascerá. Nessa paz que ultrapassa todo entendimento, Deus desce para o homem, pela Graça Divina, posto que a alma não pode comandá-la ou alcançá-la, ele pode somente preparar o cálice que receberá o Vinho da Vida.

17.2. *Dama:* Consequente Controle da Ação

Shankaracharya: Contenção dos cinco órgãos da percepção e dos cinco órgãos da ação em relação a tudo que não seja instrumento do Supremo.

Budista: Pureza na ação e nas palavras.

Bhagavad Gita: "Seja o que for que você faça, seja o que for que você coma, seja o que for que você ofereça, seja o que for que você dê, seja o que for que faça de austeridade... faça-o como oferta a Mim." (*IX, 27-8*)

Mestre K.H.: Nenhum novo dever mundano, fazer tudo "para Ele".

Frances R. Havergal: "Tome minha vida e que ela lhe seja dedicada, Senhor."

Annie Besant disse ser essa atitude a Estrada Real, se é que existe tal estrada em Ocultismo.

É claro que a mente controlada se expressa na ação controlada. Esta é a verdade que está por trás do provérbio familiar que diz que devemos contar até dez antes de falar. As palavras são ações do plano físico e produzem seus resultados no plano físico, enquanto a motivação das palavras opera nos planos interiores. A mente controlada significa a não identificação da mente com o corpo físico e o não abuso dos órgãos físicos de ação. As Escrituras hindus entram em grandes detalhes sobre a compreensão e o controle dos órgãos de sensação e percepção, os *Indriyas*. Mas isso é muito remoto para a mente ocidental captar com facilidade; exotericamente, os órgãos de sensação, percepção e ação; esotericamente, os sentidos internos que correspondem a eles. Cumpre não esquecer que o corpo físico está intimamente relacionado aos poderes e às condições da alma e é por eles afetado, e, por sua vez, afeta as condições interiores. É uma coisa viva, sensível, embora verdadeiramente não sejamos isso; e, enquanto em comunicação viva com a alma, reflete e afeta, tanto quanto possível, os poderes e as condições de sua associada.

O corpo físico é algo admirável. A Bíblia e Shakespeare, ambos expressam sua admiração pelo corpo. Seus órgãos complicados e seus complexos nervosos estão em correlação com os poderes e as forças do Universo. Por essa razão os antigos chamavam o homem de microcosmo, refletindo em miniatura os poderes e as forças do Macrocosmo, o Universo. Tudo isso pertence a uma ciência grande e secreta, mas, para as nossas finalidades concretas, o controle da conduta é precedido de pensamento calmo e generoso.

Todas as ações de qualquer espécie deveriam ser executadas com perfeição. Em Ocultismo não há lugar para ação indolente, frouxa e ineficiente. Disse um Mestre que há uma grande dose de Ocultismo no dizer Bíblico: "Tudo o que te vier à mão para fazer, faze-o conforme a tua capacidade."

(*Ecles. 9:10*) É uma forma de concentração. H.P.B. nos diz que o primeiro passo na arte da concentração é fixar toda a atenção no que quer que se esteja fazendo; e não importa particularmente qual seja o objeto da ação. "Aquele que varre uma sala em nome das Tuas Leis, realiza a ação, e faz com que a ação seja bela", cantou o velho George Herbert.

O primeiro dever em Ocultismo, como mais de uma vez nos diz H.P.B., é fazer nosso dever pelo dever. Se assumimos obrigações, devemos cumpri-las com perfeição. Ninguém pode chegar aos pés do Mestre evadindo-se ou abandonando suas responsabilidades. Um Adepto disse uma vez que aquele que põe de lado uma única responsabilidade não pode ser um discípulo, mas que ele não deveria assumir responsabilidades mundanas. Quando a hora é chegada, o *karma* frequentemente rompe a cadeia dos acontecimentos. H.P.B. aconselhou Annie Besant a não religar os laços que o *karma* tinha rompido. Devemos isso à Vida Divina em Ação. "Em seu tempo oportuno", como canta Browning, e o mesmo pensamento tem eco em Shakespeare; "A Maturidade é tudo", diz ele em "Rei Lear".

"Teu Caminho, não o meu, ó Senhor,
Por escuro que ele seja;
Leva-me por Tua própria mão,
Escolhe a senda para mim."

O objetivo e a direção da vida estão nas mãos da Vida Eterna. Nosso dever é dar cada passo nítida, sincera e corajosamente. Acontecimentos comuns na vida do aspirante adquirem uma complexidade divina. Seus próximos são fragmentos divinos, lutando na treva ao seu lado para serem compreendidos, e o aspirante está sempre pronto a lhes ajudar. Os acontecimentos da vida, mesmo os pequenos, tornam-se cheios de mensagens, desde que ele saiba que eles são a Voz da Vida falando à sua alma. Na vida do discípulo, disse

H.P.B., não há acontecimentos insignificantes e, por vezes, os mais triviais são os que contêm mais significados. Por isso ela nos recomenda pensar sobre os acontecimentos da vida e tentar extrair deles os seus significados, estudá-los e tentar ver que mensagens contêm para o desenvolvimento de nossa alma. Pois Vida é Deus, e Deus é Amor, e trabalha somente para a realização e bem-aventurança futuras. Assim aprendemos a ler o Grande Livro da Vida. Isto é bem mais importante do que ler qualquer livro impresso, embora estes possam nos ajudar a ler os maiores.

Somos contra os problemas? Como nos desenvolveríamos se nunca tivéssemos que lidar com algum problema? Preferiríamos qualquer outra coisa? Talvez, mas a Vida é mais sábia. Aparece uma oportunidade de serviço. Nós a tomaríamos? Uma pessoa superfranca segura um espelho diante de nosso olhar espantado. Ficamos ressentidos, negamos, vamos nos vingar? Ou ficamos contentes por termos assim um ângulo de visão que não nos tinha ocorrido? Posso agora olhar para meu passado e ver que muitas coisas rudes e mesmo indelicadas que me foram ditas estavam bem fundamentadas na verdade. Mas somos delicados? Ou o nosso temperamento e a preguiça dominam nossos impulsos generosos? Como o Mestre K.H. uma vez escreveu a um chela em prova: "O maior consolo e o principal dever da vida, criança, é não infligir dor, e evitar causar sofrimento ao homem ou ao animal". Ter cortado o nosso egocentrismo é um grande auxílio. A pequenina Teresa de Lisieux escreveu, em certa ocasião, que, se alguém está bem no primeiro degrau de uma escada e não pode ir adiante, é uma grande paz, pois ninguém a inveja nem deseja substituí-la.

Assim, o primeiro dos degraus da Escada de Ouro é "uma vida limpa", uma vida sadia, altruísta, perfeita. Mas examinemos por um momento o pensamento de altruísmo. Uma submissão fraca, vacilante, à vontade de outros *não* é altruísmo. O Mestre K.H. expressou-o muito bem: "Firme como uma rocha no que concerne ao certo e ao errado, cede sempre aos outros em coisas que *não importam*". Quantas vezes vimos na vida a desarmonia, as amizades rompidas, os lares desfeitos, tudo devido a coisas que realmente não importam! A repetição enfadonha leva o trivial para o altar do eterno. Pessoas assim são cegamente levadas por sua sede de domínio e do próprio arbítrio.

Diz também o Mestre: "Você deve abandonar todo sentimento de posse... pronto a desistir de qualquer coisa e de tudo". Annie Besant disse-nos, em certa ocasião, que ao verificar que estava se tornando demasiado apegada a alguma coisa, ela a abandonava logo. Epictetus tinha um modo de lidar com a dor de uma perda. Ele pedia aos sofredores que pensassem que "tinham devolvido aquilo". Mesmo quando um amigo lamentava a perda de uma filha amada, ele dizia: "Ah! meu amigo, diga para si mesmo 'Eu a devolvi aos deuses amados'".

O homem que não tenha realmente egoísmo não pode ser ferido. Há alguns anos atrás conheci um homem muito agradável e de vida santa. Dizia-me ele: "Nunca sou ferido. Se alguém me diz ou faz alguma coisa que me ofenderia, digo para mim mesmo, 'Fabrizio, você não existe. Como pode então estar ofendido'?".

Pensamentos grandiosos, amáveis, serenos, seguramente resultarão em ações belas, controladas e não precipitadas. O Mestre pediu a um jovem chela que pensasse como ele faria suas tarefas sabendo que o Mestre estava vindo examiná-las. Dessa bela maneira deveríamos fazer todo o nosso trabalho.

Esta aptidão é chamada *Dama*, em sânscrito, e *da* significa dar. A quem então damos todas as ações e realizações? A nossos irmãos humanos em nome do Bem-Amado. "Faça bons trabalhos em seu nome e pelo amor da humanidade", escreveu o Mestre K.H. a C.W.L.

17.3. *Uparati:* Deixar Que as Pessoas Sejam Como São

Shankaracharya: Uma condição que não depende dos mundos externos.

Budista: Cessação de todo fanatismo e superstição.

Annie Besant: Com raízes na Unidade, aceito tudo como é, sem aprovação ou condenação – aprendendo a não julgar.

Esta qualidade é frequentemente traduzida como "Tolerância", mas fica aqui um tanto de incerteza, pois uma suposta tolerância pode significar nada mais que indiferença desdenhosa. Será muito útil para nós empregar uma boa parte do nosso pensamento a esta qualidade. Para mim mesma eu a descrevo como "deixar que as pessoas sejam como são". Esta é uma das atitudes mais difíceis da mente para as pessoas que anseiam por interferir, reformar, alterar os outros, completamente seguros de que sabem o que é melhor para eles, e ficam indignadas se suas recomendações não são aceitas nem seguidas.

Isto é, mais uma vez, a afirmativa da natureza egotista do homem. Todos os relacionamentos errados com os outros e com a vida originam-se daí. Eis por que tenho sempre afirmado que o "eu" do homem, o "mim" e o "meu", é um verdadeiro obstáculo no caminho de nossa divindade. Pois nossa divindade, nossa "alma pura" é uma com todas as outras almas puras, e a beleza divina e o encanto do mundo esperam a unificação de todas as almas puras para se tornarem sua propriedade. Diz H.P.B. que o aspirante finalmente chega a uma atitude mental que não é nem amor (no sentido daquilo que Patañjali chama "afeição desordenada"), nem ódio (repulsa desordenada), nem indiferença; e todas as "virtudes" resultam da sabedoria (a mais alta, a consciência divina), pois todas brotam da identificação intuitiva do indivíduo com os outros, mesmo quando desconhecida da personalidade. Isto lembra-me, mais uma vez, outro ditado muito conhecido sobre alguém ser capaz de se colocar no lugar do outro, vê-lo como *ele vê,* um poder espiritual que pertence a todos os Adeptos.

Quando, até um certo ponto, pudermos ver como o outro vê, não cometeremos o erro de tentar impor-lhe nossa concepção, ou condená-lo como "totalmente errado" quando ele não concorda conosco. Pois não somente a beleza do Universo é una com o nosso eu verdadeiro, mas todo pecado e vergonha do mundo são também nossos. Como *Luz no Caminho* nos diz, tirar nossas vestes é atrair para nós roupas de vergonha em outra vida. Uma das grandes tarefas dos Homens Perfeitos, e mesmo de seus discípulos, é "aliviar um pouco o pesado *karma* do mundo". Não repreendendo, não desprezando, não repudiando, mas tomando-o em seus ombros como fez o Senhor Cristo. Na vida do discípulo nada é estranho, nada é repulsivo, nada está fora, como mostrou a visão de São Pedro. No coração do Adepto somente brilham compreensão e compaixão. E, diz o Mestre K.H., até que se tenha atingido essa divina compreensão, é "melhor errar pelo lado da misericórdia". Quantas vezes um homem perdeu a fé nele próprio e a recuperou porque seu amigo a retinha e confiava que ele voltaria a tê-la?

Podemos ver o melhor ou o pior em tudo; é, em geral, uma questão de hábito da mente. Muita gente tem o hábito de ver o pior, e não somente de vê-lo, mas também de se deleitar nele. O pior homem do mundo tem ainda alguma coisa boa e bonita em si. Lembro-me do caso de um assassino particularmente brutal. O condenado tinha uma filhinha que o adorava e a quem ele adorava. Um dos homens mais amáveis que eu conheci era um pervertido sexual. Não importa quão mau um homem possa parecer na superfície, há sempre um deus nele, por mais profundamente que esteja mergulhado, e a melhor maneira de ajudá-lo é despertar aquele deus que está nele. Um amigo meu acompanhou um jovem assassino condenado, em sua última noite de vida na prisão. Ele não ouvira o capelão nem o Governador, mas, calmamente, foi para sua morte com um verso em seus lábios e em seu coração que lhe tinha sido dado do *Gita.*

"Você pode ajudar seu irmão, usando aquilo que tem em comum com ele, isto é, a Vida Divina... Aprenda como despertá-la nele, aprenda como torná-la agradável para ele; assim você afastará seu irmão do erro." (*Aos Pés do Mestre*) Não por lugares comuns, nem por conselhos, nem por instruções verbais, mas por uma atitude de coração repleta de compaixão, que não é sentimentalidade, esse fraco e prejudicial substituto do amor.

Deixe as pessoas serem como são. Raramente é nosso dever interferir. Se nos sentimos inclinados a interferir, com o desejo apaixonado de reafirmar nossas próprias opiniões, a avidez de reformar, lembremo-nos do que escreveu Starr Daily – o pseudônimo de um condenado para toda a vida que encontrou seu verdadeiro eu na prisão: "Há uma emoção egoísta que fere. Emoção que, frequentemente, é chamada amor. Ela é apenas a sombra do operador de milagres... Assim como a ciência, a arte e a invenção não desejam reformar ninguém, também o amor não o deseja. O fato de não se querer reformar os outros transforma-os. Ao se deixar os outros livres, o amor os une. Um amigo é alguém que ama. Ele não faz sermões, não encontra erros, não condena. Ele liberta; e as coisas que liberta, ele une. Você não pode ter o objeto que não aceita abandonar. Você não pode se livrar da coisa que você retém. Reter é pertencer à coisa retida, um *laço.* Aquilo de que você se libera pertence-lhe. Você não pertence àquilo, pois você pertence ao amor... Tudo quanto fica abaixo do amor *envolve e oprime*. Comprime, aflige e fere. O Amor é Realidade, é o Libertador, aquele que faz milagres. Fazendo com que outros fiquem contentes, você lhes antecipa o céu na terra". (*Release*, de Starr Daily).

Quão diferente seria o mundo se sabedoria e compaixão fossem sempre a regra. Seja primeiramente sábio, ou a compaixão cairá no vício do sentimentalismo. O outro lado da sabedoria é amor e o amor generoso é, ao mesmo tempo, inspirador e gerador de sabedoria.

As Escrituras budistas chamam esta qualificação de cessação do fanatismo e da superstição. Cumpre que ambos sejam transcendidos antes que a Segunda Iniciação seja possível. O Dicionário Chamber define um fanático como sendo "teimosamente devotado a um determinado credo ou partido". Isso é causado por um preconceito férreo, e uma pessoa que se destina a ser una com toda a vida *não* pode ter preconceitos. Frequentemente, um preconceito é inculcado pelos mais velhos quando alguém é criança. A alma forte e independente, muitas vezes, vai repudiando estes preconceitos, à medida que cresce. Para um clarividente adestrado esses fanatismos aparecem como manchas fortes na aura mental – uma espécie de "tumor" – que obstrui a circulação da energia divina, vinda do alto.

Eles dão origem à superstição. Muitos dogmas e fórmulas religiosas cristalizadas tornaram-se superstições. Lembro-me de uma história divertida que Annie Besant nos contou há muitos anos. Um erudito sábio tinha uma gata à qual era muito afeiçoado, mas a gatinha tinha o hábito de atrapalhá-lo quando ele ia meditar. Então ele começou a amarrá-la no pé da cama nessas ocasiões. Seus discípulos notaram isso, mas seu grande respeito não permitia que lhe perguntassem o motivo pelo qual ele tinha aquela atitude. Depois de sua morte, seu discípulos, quando começavam a meditar, primeiro encontravam um gato para amarrar no pé de suas camas!

Esta tendência é "a natureza humana" e acaba por levar o credo religioso à decadência e ao desaparecimento. Quando seus *Bhikkus*[*] perguntaram a Buda quanto tempo seu ensina-

[*] Discípulos. (N. ed. bras.)

mento duraria, ele respondeu: "Sendo tudo favorável, talvez mil anos". Benjamin Kidd tem algo pertinente a dizer sobre este assunto. Diz ele que os sistemas religiosos e as civilizações nascem e morrem juntos, pois a religião fornece o molde mental no qual a civilização nascente flui.

Mas nenhum ocultista é limitado por uma determinada religião, embora possa ter preferência pessoal por uma ou duas. Nem é limitado por alguma crença ou cerimônia de qualquer espécie. Se ele tem o temperamento correspondente, usará a cerimônia como um método científico de formar uma "atmosfera" e atrair o auxílio invisível do Deva ou Reino Angélico, mas nunca os considera necessários à elevação e ao desenvolvimento da consciência espiritual.

Nem é ele, de modo algum, limitado pela forma nova, quase religiosa, de um grande partido político. Ele pertence ao mundo e à vida toda, sem exceção, e fica, assim, inteiramente livre de todo fanatismo e toda superstição. O Mestre descreve dogmas, credos e cerimônias como as linhas condutoras entre as quais uma criança aprende caligrafia, mas, com o crescimento, tudo isso é posto de lado. Ele não deve permanecer para sempre obedecendo cegamente.

17.4. *Titiksha:* Deixar Que os Acontecimentos Sejam o Que Eles São

Shankaracharya: Capacidade de suportar toda dor e todo desgosto sem pensar em vingança, rejeição ou lamentação.

Budista: Clemência.

Mestre K.H.: Atitude de contentamento e boa disposição para separar-se de tudo ou qualquer coisa que o *karma* possa nos tirar.

H.P.B.: Suprema indiferença ao que é chamado prazer ou dor.

Annie Besant: Uma calma força que pode suportar todos os choques, todas as demoras.

A Voz do Silêncio: "Tenha paciência, candidato, como alguém que não teme fracasso, e não almeja o sucesso".

Santa Catarina de Siena: "Paciência", pensou ela, "foi a maior de todas as lições". A isto ela chamou "a pedra de toque de Deus".

A isso chamei "deixar que os acontecimentos sejam como eles são", ou firmeza em qualquer situação. É fácil de se ver que tal atividade da mente é, em grande parte, resultante do desenvolvimento de *Viveka* (discernimento) e *Vairagya* (desapego). Vem a propósito aqui uma pergunta: O que são acontecimentos? O que é a lei do *karma* que os produz?

Acontecimentos são os resultados das Leis da Natureza ou, na terminologia religiosa, a Vontade de Deus. Eles são imutáveis. Há milhões de anos eles agem como agora. Daqui a milhões de anos eles farão a mesma coisa. Nas palavras Bíblicas: "em quem não pode existir variação ou sombra de mudança". (*Tiago 1:17*) "Pois mil anos *são* aos teus olhos como o dia de ontem que passou." (*Salmos 90:4*) "É o mesmo ontem e hoje; ele o será para a eternidade". (*Heb.13:8*) Aí está nossa certeza eterna. "Deus" não muda sua mente. Se compreendemos e obedecemos a essas leis, colhemos realização e paz. Se, por ignorância ou fraqueza, desobedecemos, colhemos doença e morte.

Hoje em dia todos estão familiarizados com algumas das leis de saúde. Quando obedecemos a elas, ganhamos energia, libertação da dor, alegria de viver; quando desobedecemos, colhemos doença e, finalmente, a morte. O resultado pode demorar alguns anos a chegar, mas certamente virá "... e sabei que vosso pecado vos achará". (*Num. 32:23*)

Para irmos além, compreendamos que há também o reino da lei imutável em nosso ser emocional e mental. A energia emitida em qualquer plano do ser produz seu resultado apropriado nesse plano, e em outros. A ciência chamou a ação dessa Lei das Leis "ação e reação igual e no sentido oposto". Através da divulgação dos ensinamentos científicos, a humanidade está se tornando mais ou menos "consciente da lei". Estamos nos tornando conscientes da lei nos mundos da psicologia e da espiritualidade também. Os grandes Instrutores, desde Lao-Tzu e Buda até hoje, descreveram a contraparte espiritual desta lei em palavras similares, como quando o Cristo disse: "Tudo quanto quereis que os homens vos façam, assim fazei-o vós também a eles; porque esta é a Lei e os Profetas" (*Mateus 7:12*); "Não julgueis para não serdes julgados. Pois com o julgamento com que julgais, sereis julgados, e com a medida com que medis sereis medidos." (*Mateus 7:1,2*) Esta foi chamada a Regra de Ouro e todas as Escrituras do mundo a corporificam.

A lei de ação e reação governa o mundo tríplice de corpo, emoção e mente. Uma vez nascido o pensamento, uma vez gerado um sentimento, uma vez falada uma palavra ou praticada uma ação, uma força é emitida para o Universo, a qual não pode ser chamada de volta. E tendo sido gerada de um ponto de vista pessoal, ela terá, inevitavelmente, de voltar algum dia para seu gerador. Pode ser amanhã, ou depois de algumas vidas, dependendo da intensidade da força emissora: mas sua volta é inevitável. "Joga teu pão sobre as águas [da vida eterna], porque após muitos dias o encontrarás." (*Ecles. 11:1*)

Devido ao fato de termos, por muitas vidas, agido de um ponto de vista pessoal, devemos todos ter gerado uma grande quantidade de reações. Os *Lipika*, os Senhores do *Karma*, os Anjos Registradores na terminologia cristã, têm uma conta-corrente, quase matemática, dessas forças geradas. Nós próprios fazemos este registro, em cada fração de nosso tempo. É fácil ver como isso é feito. Sabemos que não pode haver um movimento ou emprego de força sem um resultado correspondente, e que essa força vai em círculos rítmicos. Quando falamos, nossas vozes formam círculos rítmicos no ar. Se nossos ouvidos estão adaptados a recebê-los, "ouvimos". Mas exatamente a mesma coisa acontece quando pensamos ou sentimos. Então os círculos rítmicos se expandem numa forma mais sutil de matéria invisível aos sentidos físicos, mas eles são tão reais e até mesmo mais poderosos do que os físicos.

Toda vibração física produz um ritmo correspondente no mundo psíquico em torno. Imagine uma ação, uma palavra ou um pensamento ressoando um após outro pelos planos que se interpenetram, até atingir aquele substrato final da matéria chamado *Akasha* e aí permanecer como um registro vivo. Dessa maneira escrevemos nosso destino para o futuro, por nossas próprias mãos. Os Senhores do *Karma* não nos olham como indivíduos. Eles veem as forças geradas que seu trabalho deve igualar e harmonizar.

São Paulo chama a essa lei de ação e reação a "lei do pecado e da morte". Mas o que é pecado? O ocultista desde há muito compreendeu que não há pecado, como nós entendemos a palavra, mas somente a "falta de desenvolvimento". O único "pecado original" que sofremos é "estar sem o verdadeiro conhecimento", ignorância que resulta da falta de crescimento. Tem uma criança o conhecimento e a experiência de seu pai? A própria palavra pecado no original hebreu não quer dizer qualquer coisa censurável, mas seu verdadeiro significado é como se um arqueiro atirasse num alvo e, por falta de destreza, não atingisse o objetivo. Assim, por ignorância e falta de experiência, os homens pecam e pagam com duras penas. Mas esta pena não é aniquiladora, é curativa. O cirurgião celeste cura assim a cegueira original. "Que a tua maldade te castigue e as tuas infidelidades te punam!" (*Jer. 2:19*) O resultado da desobediência às grandes leis da Natureza é a dor, mas H.P.B. chama a dor o "professor, o despertador da consciência". Pense um momento. Que tipo de mundo seria este sem pecado e sem sofrimento? Seríamos todos, então, uma espécie de robôs, nunca os Filhos do Supremo movendo-se e dirigindo a si mesmos. Disse-me Annie Besant em certa ocasião: "Quando examino uma longa vida passada eu, de boa vontade, abandonaria todas as minhas alegrias, mas nem um só de meus desgostos, porque aprendi mais com eles". Os antigos celtas falavam de um homem que tinha sofrido muito como alguém que estava "fazendo sua alma". O poeta Keats sofreu muito e, em uma carta a um amigo, escreveu: "Você não vê como é necessário todo um mundo de dores e dificuldades para treinar a inteligência a construir uma alma?".

A lei do "pecado e da morte" rege somente a personalidade. Quando um homem chega ao caminho do Retorno, a personalidade começa a ser transcendida, a lei de dar passa a agir em lugar da lei de tomar, e o Espírito desperto brilha com uma radiação que tudo abrange. Então surge outra lei. "A lei do Espírito da vida em Cristo Jesus te libertou da lei do pecado e da morte." (*Rom. 8:2*) Desde então a alma é una com toda a vida e as reações pessoais nada significam para ela. Estando assim acima do jogo da Lei do *Karma*, ela é capaz de compreender sua ação. "As operações das Leis do *Karma* em ação não precisam ser estudadas até que o discípulo tenha atingido o ponto em que elas não mais o afetam. O Iniciado tem o direito de interrogar o segredo da natureza e conhecer as regras que governam a vida humana. Ele obtém esse direito tendo escapado das limitações da natureza e se libertado das regras que governam a vida humana. Ele se tornou uma parte reconhecida do elemento divino, e não mais é afetado pelas coisas que são temporárias. Ele então obtém o conhecimento das leis que governam as condições temporárias." (*Luz no Caminho – Karma*).

Há três tipos de reações pessoais. Há as reações pequenas, com "pagamento à vista" na vida diária. Uma "dor de dente" não vem do passado; é o resultado de causas geradas nesta vida. Os acontecimentos *kármicos* do passado vêm de um grupo inesperado de feitos que ocorrem nas vidas da maioria das pessoas. Estes podem ser indicados por um mapa astrológico bem traçado. São as reações escolhidas pelos Senhores do *Karma* para o Ego que reencarna lidar com elas na vida que se inicia, inclusive raça, condição social, parentesco, oportunidades inesperadas ou desastres. Citando o *Alcorão*: "O fado de todo homem lhe é pendurado no pescoço ao nascer".

Há então a terceira espécie, o *Sanchita*, ou o *karma* "acumulado". Este consiste de pesadas reações vindas de um longo passado, mas retidas pelos Anjos Registradores, até que o Ego esteja forte o suficiente para aprender a partir delas. "Deus é fiel; não permitirá que sejais tentados acima das vossas forças". (*Cor. I,10:13*) Este *karma* acumulado inclui reações severas de muitas ações antissociais, quando estávamos muito menos desenvolvidos espiritualmente. Se isso caísse sobre a alma imatura, certamente lhe causaria um choque. Por conseguinte, é misericordiosamente adiado, até que a alma esteja bastante forte para não ser esmagada, mas sim purificada. Eis onde nosso Deus é como um "fogo purificador".

Mas quando um homem dirige sua atenção para o Caminho, para o Adeptado, toda a força desse passado tem de ser liquidada para que ele fique livre. Sua sincera resolução é como um chamado enviado aos Senhores do *Karma*, e eles respondem enviando mais desse passado a ser retificado. Esta é uma lei misteriosa do Ocultismo, e a razão pela qual o bom e puro tão frequentemente parece sofrer um desastre não merecido; é também a razão de ser necessária tamanha coragem nesse caminho. Diz H.P.B.: "O que o verdadeiro ocultista procura não é conhecimento, nem crescimento, nem felicidade, nem poder para si; mas tendo se tornado *consciente* de que a harmonia da qual ele é parte está rompida no plano externo, ele procura os meios de resolver a discórdia num plano mais elevado de harmonia".

Diz *A Doutrina Secreta:* "É o homem quem planeja e cria causas, e a Lei *Kármica* ajusta os efeitos, cujo ajustamento não é um ato, mas uma harmonia universal, tendendo sempre a retomar sua posição original, como um galho de árvore, que, forçado para baixo, reage com o vigor correspondente". (*D.S.* vol. II)

O que são os acontecimentos da vida que vão chegando? São todos produtos da grande Lei que é a vontade do Universo, avançando em direção a um acontecimento distante. Reconhecendo isso, o discípulo faz o melhor possível para cooperar com ele, permanecendo sereno e firme em qualquer vicissitude. Ele não lamenta qualquer destino adverso. Ele se esforça para "entender" e usar todas as circunstâncias em benefício de outros e para o desenvolvimento de características positivas nele próprio. Um velho abade francês, Padre Causade, disse que Deus fala hoje ao homem como Ele sempre fez. Ele fala aos homens pelos acontecimentos da vida diária e às nações pelos acontecimentos cósmicos. H.P.B. escreveu, numa carta particular, que "há uma concatenação ininterrupta de causas e efeitos na vida de todo teosofista... que esteja *seriamente empenhado*".

"Nenhum de vocês pensou", continua ela, "em observar, estudar e assim tirar proveito das lições aí contidas, da teia de vida tecida em torno de cada um de vocês, que, embora intangível, é plenamente visível (para aqueles que podem vê-la operando) naquele livro sempre aberto, sagrado na luz mística em que vocês estão envoltos, de modo que vocês *possam* aprender, mesmo que não possuam poderes clarividentes? Por que vocês nunca seguiram (inclusive ajudados por seus poderes físicos e de raciocínio, para não dizer espirituais e intelectuais) aqueles registros diários na vida de todos vocês – aqueles acontecimentos fúteis que compõem a vida?... Sei que o Mestre tem (sem interferir no *karma*) precipitado e, em outros casos, retardado alguns acontecimentos e contingências nas vidas de todos vocês, que são sérios e verdadeiros. Se você deu atenção a esses incidentes e pequenos acontecimentos, sua ação bastaria para revelar-lhe a mão que guia."

Continua H.P.B.: "É a primeira regra da vida diária de um estudante de Ocultismo nunca estar desatento às menores circunstâncias de sua própria vida e da de seus companheiros... quer sejam ou não ligadas às suas buscas espirituais... Isto você deve fazer pelo menos uma vez por semana... Uma vez comparados e reunidos, esses acontecimentos – os mais fúteis são muitas vezes os mais esclarecedores – revelariam o caminho que você deve seguir... Isso concentra a atenção nas leis que governam os acontecimentos mais simples na vida... E tira a atenção de coisas que somente interfeririam com o adestramento mental; aguça e desenvolve a intuição, e faz com que você se torne cada vez mais sensível às menores mudanças na influência espiritual do Guru. Desde que um estudante sério entra para a Sociedade Teosófica, não há mais circunstâncias insignificantes ou banais em sua vida, pois cada uma é um elo na cadeia de acontecimentos que o conduz ao Portal de Ouro. Cada passo e o encontro com cada pessoa podem ser significativos. Cada palavra que se diz pode ter um propósito definido, e cada dia pode ser como uma frase que dá certa importância ao capítulo a que pertence e acrescenta um certo significado cármico ao livro da vida".

Estas são palavras admiráveis, e lembraram-me de outras semelhantes que ouvi de Annie Besant. Alguém lhe perguntara como se poderia saber qual a vontade do Mestre. Ela respondeu: "Examine suas circunstâncias, pois se você se dedicou por completo ao serviço do Mestre, você lhe deu um certo direito – não de alterar seu *karma*, porque ele não pode fazer tal coisa, mas de rearranjar certos acontecimentos nele".

A vida, especialmente a vida dedicada, é tão admirável, tão importante, tão gloriosa, não importando quais possam ser as circunstâncias, porque é a Voz de Deus e do Mestre conduzindo-nos. Nessa esplêndida carta do Mestre K.H. a William Judge, o Mestre diz: "Permita que a fé (que é conhecimento não aprendido) conduza-o pela vida como um pássaro voa no ar – sem dúvidas".

O que são *Uparati* e *Titiksha,* senão deixar que as pessoas sejam o que são com alegria e felicidade, e deixar também que os acontecimentos sejam como são?

17.5. *Samadhana:* Sinceridade

Shankaracharya: A constante fixação da mente no puro Espírito.

Budista: Presteza.

Cristão: "Se o teu olho estiver são, todo o teu corpo ficará iluminado." (*Mat. 6:22*)

Mestre K.H.: Unidade de Propósito.

H.P.B.: "O discípulo deve centralizar todos os seus desejos na aquisição de conhecimento espiritual, de modo que toda sua natureza, toda sua tendência vá nessa direção."

Essa unicidade de propósito realmente constitui aquela "pureza de coração" que habilita um homem a "ver Deus". E como descreveríamos esse alvo? Certamente não é um alvo pessoal; é uma meta que pertence ao Eterno que está no interior, a direção da força total da natureza de um homem em *uma* só direção, para a realização da Eternidade e da Divindade. Essa concentração de todas as forças produz grandes resultados *kármicos*. Na vida de todo homem dedicado sucedem-se os acontecimentos, rápida e claramente, com força crescente. Esse fato pode ser visto na vida do homem comum ambicioso, que tem propósito e vontade unidirecionados. Quando dirigido para o céu, não é tanto a vontade de possuir, de conseguir, de chegar, como a abertura da alma a um delicado sentimento de amor e verdade. Realização é realmente tornar real a Realidade*. Essa Realidade é a Vida Una, a Consciência Una no coração da Vida. Com a força total de sua natureza, o coração e a mente do aspirante são dirigidos para o objetivo, e esta vem a ser sua atitude habitual quer esteja dormindo, quer esteja acordado.

Os acontecimentos usuais da vida tomam outro significado – eles perdem em importância. Muita gente fica triste

---

* No original em inglês: *Realization is Really Making Reality Really* (N. ed. bras.)

por coisas mínimas. O futuro ocultista é muito filosófico em relação aos pequenos aborrecimentos e às perdas da vida cotidiana. Ele não comete o engano de pensar que algum desses contratempos pode obstruir seu crescimento. O Mestre K.H. assim escreve: "Nem fortuna nem pobreza, nem nascer em berço pobre ou esplêndido tem qualquer influência sobre isso, pois isso resulta de seu *karma*... É o homem *interior*, a espiritualidade, a iluminação do cérebro físico pela luz da inteligência espiritual ou divina que é a prova". (*C.M.*)

Lembremo-nos, portanto – especialmente nos primeiros tempos do discipulado – que o ambiente e os acontecimentos não importam, porque o caminho espiritual é uma questão de atitude da mente, e não de circunstâncias exteriores. O aspirante vive uma vida como a de qualquer outra pessoa, com os mesmos deveres e circunstâncias, mas sua atitude em relação a elas é diferente. Sua existência é inteiramente dedicada ao Mestre e à Vida, isto é, a Deus, e por isso todos os seus deveres são perfeita e pessoalmente cumpridos. Este aspecto da *Karma Yoga* é lindamente descrito pelo Senhor Krishna: "Seja o que for que você faça, coma, ofereça, dê, ou pratique de austeridade... faça como uma oferta a Mim". (*Bhagavad Gita, IX, 27-8*)

Ele compreende que é um pequeno dente na roda da Vida Cósmica, e faz o trabalho que lhe é confiado tão bem quanto possível. A Vida Divina está em todas as coisas esplêndidas e também no jogo superficial das aparências. Assim, seu trabalho, por pequeno que seja, por humilde que seja, é o trabalho do Senhor e faz parte da atividade universal. Com isso não há grande nem pequeno, nem elevado nem baixo.

Tal atitude traz paz de espírito. Tudo é Vida Divina; tudo é Seu. "Está decidido: tu manterás a paz, sim, a paz, porque a *ti* foi ela confiada." (*Isaías 26:3*) Nisso não há exclusividade, tudo está incluído. É como a meditação clássica do Senhor Buda – no princípio, sobre amor, compaixão e simpatia, e então, a atitude resultante, uma indiferença completa, serena para o próprio destino e circunstância do homem. Unidade de propósito, como diz o Mestre, significa uma firmeza que não pende nem para um nem para outro lado dos pares de opostos. Àquele que tem esta qualidade tudo será dado; mas àquele que não a tem será tirado mesmo aquilo que tem.

A atitude sincera e seus resultados são magnificamente expostos pelo místico flamengo Jan Ruysbroek em *The Adornment of the Spiritual Marriage.* "Cada boa ação", diz ele, "por pequena que seja, se for dirigida a Deus com simplicidade de intenção, aumentará em nós a Semelhança Divina, e aprofundará em nós o fluxo da vida eterna".

"A simplicidade de intenção reúne na unidade do Espírito todas as forças separadas da alma, e junta o próprio espírito a Deus. É esta mesma simplicidade que tudo encaminha a Deus e que faz de nossas virtudes uma oferta a Ele."

"Em toda ação de nossas vidas devemos nos apegar a essa simplicidade, devemos cultivá-la e praticá-la acima de tudo. É isto que leva o homem à presença de Deus, que lhe dá luz e coragem e que o liberta hoje, como no Dia do Julgamento, de todos os temores vãos e indignos. É o olho puro ou são de que o Senhor fala como dando iluminação a todo o corpo, a vida total ativa e livrando-o do mal... é esta simplicidade que dará finalmente a Deus toda nossa atividade vital, modelando-a, a cada hora e cada vez mais, à sua semelhança."

17.6. *Shraddha:* Fé

Shankaracharya: Fé intensamente forte nos ensinamentos e no Guru.

Budista: Fé.

Mestre K. H.: Confiança no Mestre e em nós mesmos.

Na famosa carta a William Judge, o Mestre K.H. define "fé" de forma admirável: "Não deseje resultados que sejam formas de poder; deseje somente, com seus esforços, chegar próximo ao centro da vida (que é idêntico no Universo e em você mesmo), que faz você não dar importância ao fato de ser forte ou fraco, sábio ou não sábio... Respire o ar da grande vida que vibra em nós todos e faça com que a fé (que é o conhecimento que não se aprendeu) conduza-o ao longo de sua vida como um pássaro que voa no ar – sem dúvidas".

Em que o Mestre baseia a fé? Não na credulidade cega, que, diz ele na última carta a Annie Besant, "termina em hipocrisia"*. Não é uma afirmativa dogmática de qualquer crença ou convicção. Conheci pessoas que me disseram que Deus lhes dera "o dom da fé", o que significava para elas dar crédito ao impossível. Há só uma coisa a que devemos ser absolutamente fiéis, à Voz de nossa própria Divindade – o "conhecimento que não se aprendeu" que é a aprovação de nosso eu mais profundo. E para "ouvir" essa voz temos de remover muitas camadas de preconceitos, crenças dogmáticas e fórmulas tradicionais. Muitos horrores e crueldades terríveis tiveram começo pela mera imposição a outros de credos dogmáticos; muito medo falso e cruel foi inculcado por líderes e instrutores tão ignorantes e cegos como os que eram conduzidos.

Não há salvador fora de nós mesmos. "É uma lei eterna", diz H.B.P., "que o homem não pode ser redimido por um poder exterior a si mesmo". Ninguém nos redime finalmente senão o despertar do Espírito interior, que São Paulo chamou "Cristo em vós, a esperança de glória". "Tudo é impermanente no homem, exceto a pura essência brilhante de *Alaya*", diz *A Voz do Silêncio,* e chama-a de "a única Mestra", dizendo-nos que a luz que vem de um Mestre, aquela luz do Espírito, aquela luz que não decai, "envia raios brilhantes ao discípulo, desde o princípio. Seus raios atravessam as grossas nuvens negras da matéria". Tentemos ver o que de mais profundo o nosso coração sabe *realmente*. E uma vez que discutir a esse

---

* Veja a Carta nº 46; Primeira série, em *Cartas dos Mestres de Sabedoria,* Ed. Teosófica, 1996. (N. ed. bras.)

respeito é algo insensato e inútil, devemos, silenciosamente, ver em que baseamos a nossa fé.

Deveríamos basear nossa fé na Própria Vida, que, diz o Professor Radhakrishnan, "é Deus". A vida é eterna, nosso eu mais profundo é sempre parte dela, e essa Vida está sempre fluindo para nossa futura bem-aventurança. Na superfície essa vida parece ser, frequentemente, uma tragédia, mas no coração é uma canção eterna. De maneira admirável, *Luz no Caminho* diz ao Iniciado que ouça a Canção da Vida primeiro em seu próprio coração, e uma vez ouvida aí ele será capaz de reconhecê-la em outros, também. E isto requer para seu estudo o intelecto ardente e a clara percepção espiritual que o Mestre menciona.

Com essa inteligência pura o Iniciado estuda os corações dos homens, e a vida que os rodeia, constantemente mudando e constantemente em movimento, pois é formada do coração dos homens. Será conveniente, para nós, que ponderemos sobre essa afirmativa. Chamo, algumas vezes, os ocultistas de "superpsicólogos", pois seu grande estudo está nos corações dos homens, nas motivações universais, nos desejos e nos anseios, há muito estabelecidos, que movem as almas dos homens ainda não desenvolvidos e imaturos, frequentemente lhes trazendo sofrimento e dor. A compreensão da humanidade e das almas dos outros é o objetivo principal do ocultista, e não a obtenção de conhecimento incomum, ou estatura espiritual para si próprio.

Temos de esperar o despertar dessa suprema compreensão com muita paciência e procurar desenvolvê-la com tremenda perseverança altruísta. Não há lugar aqui para julgamentos apressados e, na verdade, dificilmente haverá espaço para qualquer julgamento. O francês tem um provérbio que diz que tudo compreender é tudo perdoar. Assim, a longo prazo, o Iniciado aprende a ler o grande Livro da Vida.

Nossa fé pode, desse modo, acreditar na Vida, tomar bravamente a mão da Vida, e isto quer dizer também estabelecer uma ligação com os Mestres da Vida. Annie Besant via isso como uma aventura num país desconhecido. Permita-me encerrar este capítulo com palavras dela, pronunciadas numa reunião da juventude indiana: "Nunca esqueçam que a vida só pode ser nobremente inspirada e corretamente vivida, se vocês a tomarem brava e valentemente como uma aventura na qual vocês estão se estabelecendo num país desconhecido, tendo de enfrentar muitos perigos, encontrar muitas alegrias, achar muita camaradagem, ganhar e perder muitas batalhas".

Talvez perder traga uma lição maior do que ganhar. Lembro-me de ter lido, em certa ocasião, as confissões de um viciado em drogas que tinha encontrado seu caminho de volta. Disse ele, ao jornalista que escreveu o livro para ele, que o desgosto vem para todos os homens, mas somente uns poucos descobrem que ele é um dom de Deus. Confie-se à Vida e aos Mestres da Vida. Você cairá então nas mãos de Deus e não na dos homens.

CAPÍTULO 18

Mumukshatva – *União Com Toda a Vida*

Sankaracharya: A aspiração de conhecer o seu verdadeiro eu.

Budista: Sequência natural (resultante do desenvolvimento das outras qualidades).

Cristão: "Abençoados sejam os puros de coração, porque verão Deus".

Mestre K.H.: Amor. "De todas as qualificações o amor é a mais importante, porque, se for bastante forte num homem, o impelirá a adquirir todas as outras, e tudo o mais, sem o amor, nunca será suficiente. Frequentemente é traduzida como um intenso desejo de liberação dos ciclos de nascimento e morte, e para união com Deus... É certamente a vontade de se tornar uno com Deus a fim de que, devido ao profundo amor por Ele, você possa agir com Ele e como Ele faz".

Mestre K.H. a Annie Besant: "Faça que a devoção e o serviço sejam ao Espírito Supremo somente, do qual cada um é uma parte".

São Paulo: "Já não sou eu que vivo, mas é Cristo que vive em mim". (*Gal. 2:20*)

"Conhece a ti mesmo", disse o Oráculo Délfico, "e conhecerás Deus e o Universo". Até mesmo o corpo físico de um homem é um estoque de simbologia, pintando em miniatura símbolos das forças do Universo. Contudo o eu que revelará o Infinito não é o ser simbólico externo, mas a pura essência da Divindade que está no interior profundo.

Podemos chamá-lo, em termos teológicos, o desejo de União com Deus ou – em termos naturais, mais amplos – com a Vida toda, e portanto com todos os homens e com todas as coisas vivas. Esta compreensão é o amor de que fala Krishnamurti. É a própria base de nossa natureza, a última coisa, "original" em nós. Temos que perceber e compreender camadas e camadas de pensamento e desejo, e todas as suas imagens para alcançar *mumukshatva*. Não podemos criá-lo. Ele existe. Não penso que o amor seja mera atração emocional. Krishnamurti disse certa vez: "Você não pode *pensar* sobre o amor, ele é um estado de ser", e ele nos diz que o amor aparece quando o eu e o pensamento cessaram completamente. Ele disse numa entrevista com Rom Landau: "Não há pessoa de quem eu não goste. Não vê que não sou eu quem dirige meu amor para uma pessoa, reforçando-o aqui, enfraquecendo-o lá? O amor é simplesmente como a cor de minha pele, o som de minha voz, não importa o que eu faço... Mas não é indiferença, é meramente um sentimento de amor que está constantemente comigo e isso eu não posso simplesmente deixar de dar a qualquer um com quem eu entro em contato".

Lembra-me Platão que disse: "Os homens têm chamado o Amor de Eros, porque ele tem asas; os deuses o chamam Pteros, porque ele tem a virtude de dar asas".

Não podemos criá-lo, mas podemos encontrá-lo e fazê-lo tão brilhante que todos os homens sejam abençoados. Eu conheci, e lembro algo desse Amor Divino – Agapé – em um dos admiráveis encontros em Benares, há muitos anos, quando Krishnamurti foi veículo da inspiração de um grande ser. Pareceu-me ver então, momentaneamente, através dos olhos do Senhor Cristo, o Buda Maitreya, o Instrutor do Mundo – e soube então que com Ele não havia sombra ou sentido de diferença, grande ou pequeno, importante ou não importante.

Todos eram igualmente importantes, igualmente queridos. O Amor não conhece diferença. O amor é uno com toda a vida. Correto estava São João quando disse que o homem que afirma amar Deus mas odeia seu irmão é um mentiroso.

Penso que a melhor descrição de *Mumukshatva* está nas palavras do Mestre na última carta a Annie Besant, já citada: "Que a devoção e o serviço sejam somente ao Supremo Espírito do qual cada um de nós é uma parte". "E essa compreensão", diz o Mestre a William Judge, "torna-os livres de cuidados, quer vocês sejam fortes ou fracos, sábios ou não sábios". Estas coisas são sem importância à vista do Espírito, pois a Realidade Divina está além dos pares de opostos, não é um nem outro. Ser apenas bom não nos leva ao céu, embora torne para nós mais fácil viver e criar uma vida futura feliz. Mestre K.H. escreveu a Francesca Arundale: "Apenas ser bom não é suficiente". E, em outra ocasião, o Mestre M. disse: "Não estamos procurando fazer pessoas boas, mas dotadas de poder espiritual para o bem". Pureza, disse Santo Agostinho, era uma virtude negativa, especialmente valiosa como uma condição para a Iluminação. Pureza, como eu já disse, é, na realidade, dedicação completa, unidade de propósito, e, diante dela, a Realidade se revelará.

A alma de um homem se volta para aquilo que ele adora, e a palavra "adoração" significa aquilo a que ele dá valor, aquilo para o qual ele deu todo seu coração. Se, consciente ou inconscientemente, ele adotar o pensamento do seu eu pessoal, ele compreenderá o que é transitório. Deve ser o Eterno que atrai sua força e beleza. Podemos descrever, pálida e simbolicamente o Eterno, mas não completamente. O símbolo será de acordo com a nossa natureza e o nosso estágio de desenvolvimento. Talvez possamos descrever o Divino por analogia, citando o Amor, a Verdade, a Beleza, etc. Estas imagens não são Ele, mas um raio pode brilhar através delas, em resposta a nós.

Não é verdadeiramente possível imaginar-se a Realidade. Está "muito além da imaginação humana". É como pedir a um pinto, dentro de sua casca, que descreva um mundo que ele nunca viu, ou a uma flor em botão que ainda não abriu. "Não pode ser descrita por qualquer metáfora. Mas pode ser sentida depois, procurada e desejada..." (*L.C.*) "Procure pelo estudo das leis da Natureza, das leis sobrenaturais, e procure prestando obediência da alma à estrela oculta no interior. Invariavelmente, à medida que você vai observando-a e adorando-a, a luz dela vai crescendo e se tornando mais forte... E, quando você tiver encontrado o fim, a luz, subitamente, tornar-se-á infinita."

Seremos muito mais úteis ao Mestre se compreendermos esse Eu mais Divino. Então "o Iniciado é como uma caneta na mão de Deus, pela qual pode fluir o pensamento, e encontrar, aqui embaixo, uma expressão que, de outra forma, não poderia ter. [É tão única cada alma humana que sempre há algo que só pode ser dito através dela e que não pode ser dita através de qualquer outra, C.C.] Entretanto, ao mesmo tempo, ele é uma pluma de fogo, esparzindo no mundo o Amor Divino que enche seu coração" (*Aos Pés do Mestre*). O Iniciado é assim uma bênção para toda a vida onde quer que ele vá.

O Iniciado é alguém – como a palavra sugere – que entrou no Caminho e começou a grande ascensão. No princípio ele é apenas a "criança" e deve crescer para adquirir toda sua estatura e plenitude. Isso toma muitas vidas; em expressão aproximada, diz-se, sete desde a Primeira até a Quarta Iniciação, ou nível *Arhat*. Então sete mais até *Aseka*, a Quinta. Estes cálculos são muito problemáticos. Como H.P.B. disse certa vez, os "sete anos de prova" podem significar sete vidas ou sete minutos.

Disse George Arundale, certa vez, que deveríamos expressar as coisas de maneiras sempre diferentes, de modo a não ficarmos hipnotizados pelas palavras. Aqui está uma maneira de definir as Quatro Grandes Qualificações:

I . Distinguir ou discernir o Uno. Aquilo que tem importância eterna, daquilo que tem importância temporária.
II. Entregar nossas vontades ao Supremo.
III 1. Voltar todos os nossos pensamentos para Ele em Seu mundo;
2. Fazer tudo em Seu Nome e por amor à humanidade.
3. Aceitar as pessoas como são.
4. Aceitar os acontecimentos como são.
5. Com presteza invariável,
6. E fé firme.
IV Aproximar-nos do Eterno, procurando estar em unidade com toda a vida – isto é Amor.

"Há somente um caminho para esse Portal, não é o amor inflamado por todo o desejo, mas o Amor em Paz."
(*The Immortal Hour*. Fiona Macleod).

CAPÍTULO 19

As Iniciações

Como já foi dito, a palavra Iniciação significa um "começo", um primeiro passo. No longo e estreito caminho para o Adeptado há cinco grandes estágios, e cada estágio tem lugar num plano mais sutil da natureza. A Primeira Iniciação tem lugar no plano astral. Olhando os fatos do ponto de vista da compreensão do plano físico, é uma grande cerimônia onde certos poderes são outorgados e é dada uma "Chave do conhecimento".

O candidato foi vigiado e ajudado por seu instrutor Adepto durante, talvez, algumas vidas. Quando seu Mestre o julga pronto, Ele o apresenta à assembleia da Fraternidade para a Iniciação, como um novo membro da Fraternidade Oculta. Outro Mestre de Sabedoria deve apoiar o ingresso, e, quando o grande ritual é executado, compete-lhe ajudar a levar o candidato para a frente.

Há mais de um local na Terra onde essas cerimônias têm lugar, embora, é claro, na sua contraparte astral. Tais lugares são remotos e muito santificados. O tempo escolhido é sempre o momento da lua cheia. As condições psíquicas são então mais favoráveis, começando dois dias antes da lua cheia e por dois dias após.

Um dos Adeptos, designado pelo grande Rei do mundo – o Chefe da Hierarquia, que é um dos quatro Adeptos ainda permanecendo aqui, daqueles que vieram do planeta Vênus para nos ajudar há seis e meio milhões de anos, e para fundar a Hierarquia Oculta nesta Terra – atua como Hierofante. O candidato, fora de seu corpo físico, é levando adiante pelo seu proponente e padrinho. O Hierofante pergunta-lhe se ele verdadeiramente deseja entrar para a Fraternidade "que existe através dos *Manvantaras*".

Ele é submetido a provas. Essas provas têm sido descritas em certos tratados ocultos como sendo de terra, ar, fogo e água, mas são, na verdade, psicológicas. Convém lembrar que, no plano astral, nossas reações emocionais são muito mais vívidas e espontâneas. São projetadas imagens muito objetivas e vívidas e são anotadas as reações instintivas do candidato. No caso de um Iniciado que eu conheço, tal apresentação foi a de uma criancinha chorando. Em outro, a de seu inimigo mortal.

Sendo os resultados satisfatórios, segue-se o que uma Loja Maçônica chamaria uma "Instrução", na qual são recordados os objetivos e trabalhos da Fraternidade. Chega então o grande momento de todo o ritual. O Hierofante ergue-se e vira-se para o Leste, olhando o principal centro sagrado deste planeta, chamado *Shamballah* na literatura oculta. Aí reside pessoalmente o Rei, num corpo que não foi dado à luz por mulher alguma, mas é materializado quando necessário, sendo assim eternamente jovem e radiante. Talvez a imagem mais aproximada que podemos formar Dele, com a auréola brilhante de cabelo curto, seja algo semelhante a um quadro de Watts. Contou-me alguém que O vira, que dias depois ainda dificilmente podia olhar para as coisas terrestres – tão escuras e opacas elas então pareciam. Sua "aura" é tão grande como o mundo; é assim literalmente verdadeiro que "nele vivemos, nos movemos e existimos". (*Atos 17:28*) Sua grande consciência está em toda parte: "Nem um só pardal tomba" sem o seu conhecimento. Nenhuma alma pode se tornar membro da Fraternidade sem o seu consentimento, e nesse ponto Sua vontade é sempre consultada. Em palavras mais ou menos inadequadas, o Hierofante diz algo como: "Devo fazer isto, ó Senhor da Vida, Luz e Glória, em Vosso Nome e para Vós*?".

A resposta como o consentimento do Rei é o brilho azul elétrico de uma estrela de luz acima da cabeça do Hierofante. Isto significa que, de momento, a consciência do Rei está centrada aí. Um Raio vindo da Estrela entra no *chakra* cardíaco do Hierofonte e daí se irradia para o *chakra* cardíaco do candidato. Sob esse magnetismo sua aura arde e brilha, e, por um momento, tem lugar uma admirável descida de sua própria divindade. O Hierofante recita as palavras de admissão: "Em Nome do Iniciador, cuja Estrela brilha acima de nós, recebo-o na Fraternidade da Vida Eterna".

A "chave do conhecimento" lhe é dada. É uma maneira de olhar a vida, e lembro-me de que C.W.L. nos disse que, quando ela lhe foi dada, ele ficou admirado de nunca tê-la percebido antes.

O último ato é muito bonito. O novo Iniciado volta-se para o mundo, enviando a todos os seres – como ele agora tem o direito de fazê-lo – a bênção da Fraternidade. Nenhum ser vivo deixa de recebê-la, embora possa não estar consciente dessa recepção. Uma vez perguntei a Annie Besant como eles podiam sentir o fato, e ela replicou que uma criancinha, brincando no sol, teria uma sensação de alegria, e um doente num leito de dor sentiria uma melhora. Assim também dessa maneira a Grande Fraternidade diminui um pouco o pesado *karma* do mundo. Um Iniciado é, muitas vezes, um curador inconsciente, porque dele flui a harmonia, e a causa de muitas doenças é a desarmonia. Um dos seis sinais do Homem Perfeito é que, em sua presença, involuntariamente as curas acontecem.

A Segunda Iniciação tem lugar no plano mental. Se a personalidade for em parte psíquica ou sensitiva, alguma es-

---

* *Os Mestres e a Senda*, C.W. Leadbeater, Ed. Pensamento, São Paulo. (N. ed. bras.)

pécie de memória da primeira iniciação pode ser registrada no cérebro físico, mas penso que nenhuma outra pode. As duas primeiras são dadas por um Adepto nomeado como Hierofante pelo Rei. As outras duas são dadas em *Shamballah* pelo Próprio Rei. A Quinta, que faz de um homem o *Aseka* ou Adepto completo, não é dada por ninguém. O próprio Iniciado a chama para si.

Esse grande caminho, que é eternamente interior, na realidade não pode ser descrito. Tanto quanto possível, ele foi abordado por C.W.L. em seu livro muito conhecido *Os Mestres e a Senda*, do qual foram extraídas as informações acima*. Mas mesmo assim, as descrições são mais ou menos aproximadas e demasiado materiais. Duvido que possa haver descrições adequadas. Adivinharemos com nossas imaginações. Nenhum cérebro terreno pode descrever o céu ou fazer mais do que sua realidade imensurável.

---

* Mais informações sobre este tema estão publicadas no livro *Helena Blavatsky – A Extraordinária Vida e Influência da Fundadora do Movimento Teosófico Moderno,* de Sylvia Cranston (Editora Teosófica, 1997). (N. ed. bras.)

PALAVRAS FINAIS

Gostaria de dizer algumas palavras de despedida aos meus colegas aspirantes que leram este livro. Este caminho é direto. Não é um caminho de maravilhas, fatos excitantes e acontecimentos assombrosos, especialmente no princípio. É um caminho de perseverante desenvolvimento de nós mesmos, através da experiência, da compreensão, da intenção corajosa. Há "testes" por todo o caminho, com a finalidade de expor todas as nossas fraquezas ocultas e nossas qualidades positivas, mas não espetaculares, especialmente no princípio. Se aquele que procura, o faz com seriedade, a Vida o examina em todos os pontos, revela os pontos fracos a serem fortificados. E as provas são coisas pequenas, frequentemente muito pequenas. Na vida do discípulo não há questões pequenas, nem grandes, nem importantes, nem sem importância. Todo momento, todo pequeno dever é preenchido com beleza e perfeição. A vida é o grande examinador, a Vida é o grande Professor, e a Eternidade está presente nas mínimas coisas.

Sejamos corajosos, bravos e acostumemo-nos, aos poucos, a suportar alegremente toda espécie de desconforto, todo tipo de frustração e mesmo fracassos temporários. Vamos encará-los, como nos disse H.P.B., com a alegria do discípulo, que coloca toda sua confiança na Vida, que é a mesma coisa que colocar toda sua confiança em Deus.

Sejamos inteligentes; um devoto cego é de pouca utilidade para o Mestre. E não quero dizer que ser inteligente signifique ser crítico e severo com os outros, mas usar os poderes do pensamento e raciocínio, tentando compreender realmente os princípios, "ver".

Acima de tudo, tentemos, sem cessar, ser em imaginação nosso Eu Superior, nosso Eu Divino, impessoal, que tudo abrange, sem egoísmo. Ligar-nos a ele em pensamento e aspiração, e completamente abnegados, é formar a ponte que em breve nos levará à união com ele.

Todo o nosso serviço e nossas meditações nunca devem ser motivados pela busca de resultado pessoal para nós mesmos. O Mestre chama a personalidade de "a sombra". Logo ela desaparecerá, mas o "Eu Real" permanecerá para sempre. Assim não demos muita importância à "sombra", nem pensemos que aquilo que ela quer, ou que lhe acontecerá, seja tremendamente relevante! "Nós", diz o Mestre, "tentamos produzir o melhor a partir do pior". (*C.M.*)

É preciso evitar que até mesmo os desejos e as aspirações elevados e nobres sejam manchados com o vício do egotismo, aquele que é o único tropeço no caminho para a Eternidade. Uma vez o Mestre D.K. disse a alguns de seus alunos que estavam aflitos pensando se o Mestre os aprovava; "Eu os aprovarei todos quando tiverem esquecido vocês mesmos e a mim, lembrando somente do bem-estar e da felicidade do mundo". Este é o grande e único Ideal para o qual nossos Mestres vivem. O futuro discípulo deve também adquirir o mesmo ponto de vista de "mira constante no ideal de progresso e perfeição humanos, que a ciência secreta revela".

Mas os Mestres não são ingratos, não deixam de observar, mesmo que, em todos esses assuntos, eles sejam governados por regras invariáveis. *Eles sabem.* O Mestre K.H. contou a Sinnett como seus pensamentos tinham procurado o Mestre e se aproximado dele. H.P.B. em certa ocasião escreveu a um aspirante: "Será que você conhece tão pouco das Leis da ordem deles, a ponto de não compreender que com seu próprio ato, uma prova não solicitada e espontânea da sua lealdade, você já atraiu a atenção deles, e que você próprio estabeleceu relações com eles?".

E o Mestre K.H. escreveu a Francesca Arundale: "Tenho observado seus muitos pensamentos. Tenho observado sua evolução silenciosa e os anseios de sua alma interior". Ele sabe. Não esteja demasiado ansioso por uma resposta pessoal. Talvez algum dia você venha a sentir uma carinhosa bênção descendo até você – se a merecer. Acima de tudo, nunca peça a uma pessoa sensitiva que lhe diga onde você está, ou que lhe dê uma mensagem. Deixe essa questão nas mãos daqueles a quem cabe cuidar dela. Pode acontecer que nesta encarnação o discipulado oficial não seja ainda possível para nós. Mas o discipulado não oficial é possível para todos. Podemos nos colocar "em prova". Disse-me uma vez um Iniciado: "Antes que o Mestre me ponha em prova, eu me ponho". Que nossa boa vontade altruísta circunde o globo, e que juntemos as mãos às de todos os outros aspirantes naquilo que o Mestre chamou o "Exército da Luz contra as Trevas". Onde quer que estejamos, em união com todos os outros, façamos o melhor possível no sentido de trazer luz, conforto, esperança e encorajamento a todos os homens. Vamos dar ao Mestre nossa inteligência em desenvolvimento, nossos corações honestos, nossas vivências no mundo. Ele saberá o que fazer com eles e como inspirar outros a usá-los.

Adeus, meus amigos. Dou a mão a todos ao redor do mundo. Que logo possam atingir o céu de suas mais profundas aspirações.

Robert Browning uma vez escreveu:

"Vou pôr à prova a minha alma!

Vejo meu caminho como os pássaros encontram seu caminho invisível.

Chegarei! Quando, que circuito farei primeiro,

Não pergunto...

Em qualquer tempo – No tempo bom para Ele, eu chegarei!

Ele guia a mim e ao pássaro.

No tempo que for bom para Ele!"

APÊNDICE I

Cópia de uma Carta recebida por W.Q. Judge do Mestre K.H., precipitada sobre uma carta de H.P.B. Posta no correio em 10 de maio de 1887.

Você diz ser um "caso triste" e entretanto você tem em seu coração um amor tão grande pela humanidade e pelos membros individuais da raça humana, que é assombrado dia e noite pela ideia de seus sofrimentos, ignorância e dor. São pessoas como você que impedem a raça humana de cair no buraco sem fundo onde o desespero é esquecido e o esforço desconhecido.

Meu caro amigo, – pois isso é o que você é, sendo um verdadeiro amigo de todos os que procuram a luz – não se esqueça que está vivendo num tenebroso e triste *Maya* de vida intensamente física. Todo o dinâmico continente da América foi devorado pelo materialismo e, quando é feito um esforço no sentido da vida oculta, ele resulta em solapamento desta vida oculta em benefício da matéria na qual ela morre, como um gás volátil escapa das mãos de alguém não habilitado. A tristeza deste fato tinge sua carta. Você sabe que qualquer escola fundada em seu meio torna-se logo uma escola de magia prática, trabalhando no sentido de produzir resultados na matéria densa. Isso é bem verdadeiro. A razão é que mesmo os mais sérios entre vocês não têm verdadeiramente aspirações ocultas. Corrija isto em você próprio e faça por corrigi-lo em outros pela palavra e pelo exemplo.

Não deseje resultados que sejam formas de poder. Deseje somente, em seus esforços, chegar próximo do centro da vida (que é o mesmo no Universo e em você), que o torna indiferente ao fato de você ser forte ou fraco, culto ou inculto. É sua divindade; é a divindade que todos nós compartilhamos. Mas aqueles que procuram somente dinheiro ou sucesso no esforço material não acreditam em sua existência. (Eu incluo o intelecto na matéria).

Fique, peço-lhe, em pensamento e sentimento, longe desses problemas que você mencionou em sua carta; atraia o ar da grande vida palpitante em todos nós e deixe que a fé (que é conhecimento não aprendido) leve-o através de sua vida como um pássaro voa no ar – sem dúvidas. Mas lembre-se de uma coisa – uma vez que você se lance na grande vida da Natureza, a força que conserva o mundo em movimento, que mantém nossos pulsos batendo e que contém, em seu coração, um poder enorme e supremo – uma vez feito isto, nunca mais você pode pedir sua vida de volta. Você deve deixar-se navegar no movimento das esferas. Você deve viver para os outros homens e com eles; não para si mesmo ou consigo mesmo. Você fará isso, tenho certeza.

APÊNDICE II

Contato Consciente Com o Mestre

Clara M. Cood

Disse-nos H.P. Blavatsky que não deveríamos tentar trazer o Mestre para nosso nível, mas deveríamos tentar erguer-nos ao plano onde ele habitualmente reside. Para fazer isso devemos despertar e desenvolver em nós a consciência espiritual, o "Cristo interior". Mas antes que isso seja conseguido, há certos sinais que indicam um contato com ele. Como foi dito antes, nunca peça a qualquer clarividente que lhe diga onde você está. O sensitivo comum, não treinado, não é confiável a este respeito. Além disso, é desrespeitoso para com o Mestre e ambiciosamente egoísta procurar tal segurança. O discípulo verdadeiramente altruísta e devotado não requer que tais fatos lhe sejam ditos. E tais certezas devem vir do próprio Mestre. Há certas maneiras pelas quais ele transmite uma sensação de contato com ele ao discípulo, enquanto ele é menos desenvolvido sensitivamente.

Uma vida de pensamento e meditação profundos justamente com princípios de conduta definidos e aplicados e firme devoção ao bem-estar e à felicidade de toda a vida, são fatores que acarretam progressiva sensibilidade aos mundos internos do ser e abertura da consciência a um reino mais elevado. A personalidade vem a sintonizar com a alma interior. O "eu inferior" começa a refletir a atitude do "Eu Superior", que medita por toda a vida.

Esse contato vem pelo *Sutratma*, o fio da Vida do Logos que liga todos os princípios do homem, e através daquele centro formado no corpo mental pela aspiração contínua e denominado *Antahkarana,* que é, como H.P. Blavatsky coloca, "o nome da ponte imaginária entre os egos divino e humano". Essa Vida do Logos responde à aspiração vinda de baixo com um impulso do alto. H.P.B. diz que a Vida Superior está sempre desejosa de se derramar no seu representante inferior, mas não pode fazer isso até que aquele eu menor tenha adorado e venerado. Como escreveu São Tiago: "Chegue perto de Deus e ele chegará perto de você". (*Tiago IV-8*) Há uma réstia de luz na cabeça que, estimulada por tal vida, começa a pulsar do corpo pituitário para a glândula pineal. Quando está em completa união, a consciência espiritual começa a se abrir para o exterior.

Devo citar aqui *Luz no Caminho:*

"Cada homem é para si próprio o caminho, a verdade e a vida. Mas isso só é verdade quando ele domina firmemente sua individualidade e, por força de seu despertar espiritual, reconhece a individualidade, não como ele próprio, mas como aquilo que, a duras penas, ele criou para seu próprio uso, e por meio do qual se propõe, à medida que sua inteligência se desenvolve, atingir a vida além da individualidade. Quando ele sabe que é para isso que a sua vida maravilhosa, complexa e separada existe, então, e somente então, ele está no caminho."

A Escritura diz ao aspirante que estude as leis da natureza, e que faça por obedecer ao espírito divino nelas contido. E, à medida que o discípulo observa e adora, sua luz vai ficando cada vez mais forte até que ele, no fim, subitamente vem a ser a Luz Infinita.

O Mestre K.H. chama o despertar da espiritualidade no homem de a Luz do *Tathagata**, e diz que o mais fraco vislumbre o atrairá para perto. Ele percebe esta luz num homem,

---

* *Tathagata* – Uma das denominações do Senhor Buda. (N. ed. bras.)

seu *karma* passado, e sua capacidade de serviço para toda a vida. Mas o contato consciente com ele, da parte do aspirante, não é possível, a menos que sua mente e seu coração estejam tranquilos, puros e pacíficos. O crescimento da introspecção, o poder de colocar-se acima do jogo dos "pares" de opostos significa que os mundos interiores estão tomando importância e a pressão do exterior ficando menor.

O Mestre coloca uma "vida limpa" entre as primeiras qualificações exigidas para o caminho porque, quando as energias espirituais começam a fluir pelos corpos dos discípulos, elas estimulam todas as energias e, entre elas, algumas indesejáveis ainda poderiam existir. O que *Luz no Caminho* chama a "erva gigante" de egoísmo ambicioso alimenta o orgulho espiritual, um inimigo mortal no Caminho. As energias espirituais fluindo pelos veículos de consciência do discípulo são destinadas a alimentar as necessidades do mundo, e não devem ser obstruídas pela "poderosa paixão da estatura pessoal".

Há três degraus definidos desde épocas imemoriais para a consciência espiritual: concentração, meditação, contemplação. Concentração é melhor produzida pela aquisição do hábito de completa atenção a qualquer coisa que se faça, como nos disse H.P.B. Meditação é o poder da mente de se manter firme à luz de uma ideia e assim se tornar capaz de inspiração. Contemplação é tornar-se um com o objeto da contemplação e assim conhecê-lo verdadeiramente. Dizem os sábios indianos que na meditação a mente assume a forma do objeto sobre o qual medita. Lembro um de nossos famosos clarividentes ao dizer-me que certa ocasião ele estava observando as pessoas que vinham à murada do altar para a comunhão na igreja. Em muitos não se notava nenhuma diferença particular, mas, para seu espanto, o eu interior de uma mulher subitamente adquiriu a semelhança do Senhor Cristo. A sua alma tinha sido inteiramente absorvida no pensamento dessa forma de misticismo sacramental e havia se unificado com o seu Senhor. *Ela* tinha desaparecido e somente *Ele* ficara. Este fenômeno ocorreu com Santa Teresa de Lisieux, em sua primeira comunhão. Ela diz em sua autobiografia: "Tínhamos trocado olhares, Ele e eu, embora eu fosse insignificante, e nos entendemos mutuamente. E agora não se tratava de olhares: algo tinha-se fundido e não mais havia dois de nós. Teresa tinha simplesmente desaparecido, como uma gota perdida no oceano; somente ficara Jesus, meu Mestre, meu Rei". Santa Catarina de Gênova disse a mesma coisa: "Meu eu é Deus, nem me conheço separada Dele". Isto é contemplação, *Samadhi*, União.

Muito antes disso ser atingido, o Mestre entra em contato com seus jovens discípulos usando os seguintes meios:

1. Pela experiência de um sonho nítido. O Mestre K.H. disse a Alfred Sinnett que o que pudesse ser feito neste sentido seria feito.

2. Através do ensinamento dado à alma fora do corpo, levado ao cérebro em forma mais ou menos simbólica. Um verdadeiro símbolo, indica a realidade inexprimível.

3. Através da imagem criada pela mente de um Adepto feita pelo próprio discípulo. O Mestre K.H escreve:

"Faça a imagem Dele em seu coração e um foco de concentração, de modo a perder toda a sensação de existência corpórea no único pensamento... Cada um de vocês cria para si um Mestre; dê-Lhe nascimento e objetive-O como estando em sua presença na Luz Astral. Se for um Mestre Real, Ele fará ouvir Sua voz. Se não for realmente o Mestre, então a voz será a do seu Eu Superior."

Mas ele também adverte que, se aquele que medita sentir qualquer influência de fora, deve interromper a meditação imediatamente, visto que o aluno não deve se tornar médium.

O uso da imaginação treinada é de grande auxílio na meditação. Mas quando o Mestre diz que ele "enviará sua voz", isto não implica qualquer forma de clariaudiência, mas que uma impressão vívida e inspiração virão.

4. Por uma súbita e inconfundível vibração que toca a consciência inesperadamente, trazendo uma inesperada iluminação ou conscientização. Santa Teresa chamou-o de "luzes" e disse que elas não lhe vinham quando estava meditando, mas quando estava fazendo algum trabalho manual, tal como lavando roupa. Talvez, então, trabalhando para outros, ela esquecesse a si própria.

Algumas vezes isso será sentido como um sorriso divino ou bênção. Verifiquei que esta bênção vem quando se é completamente honesto consigo, "honesto e desapegado".

5. Nossa própria fé e nossa convicção. Uma fé forte é um sinal claro da existência do contato. O Mestre descreve a fé como o "conhecimento não aprendido da alma", a voz da divindade em nosso interior.

Embora estes contatos sejam admiráveis e abençoados, não deveríamos procurá-los conscientemente. Não amamos o Mestre nem servimos a Ele e ao seu mundo pelo conforto, pela alegria e inspiração que isso possa nos dar pessoalmente. Para citar mais uma vez Santa Teresa, quando interrogada sobre seus êxtases, dos quais tinha muito poucos, ela disse: "Oh! eis uma coisa que eu não faria, pedir consolo. É tão doce servir ao bom Deus na noite tenebrosa da provação... Poucas almas desejaram ter êxtases e revelações tanto quanto eu desejei não tê-los. Prefiro o sacrifício a todos os êxtases".

Sobre a Autora

Clara Codd nasceu em Devon, Inglaterra, em 1876, e ingressou no movimento espiritualista ao conhecer a Sociedade Teosófica em 1903, quando vivia em Genebra. Participou dos movimentos pela emancipação da mulher, quando jovem, mas logo se destacou como autora de algumas das melhores obras da literatura teosófica do século 20. Grande oradora, percorreu o mundo fazendo palestras. Entre seus principais livros estão *Meditação, sua Prática e Resultados* (Ed. Teosófica, 1992), *A Técnica da Vida Espiritual* (Grupo Annie Besant, 1987), *The Ageless Wisdom of Life (A Sabedoria Eterna da Vida),* e *Theosophy as the Masters See It (A Teosofia Como os Mestres a Veem)*, além de *As Escolas de Mistérios.* Clara Codd trabalhou sem descanso pela fraternidade universal e pelo movimento teosófico até deixar o plano físico em 1971, aos 95 anos de idade.

Mais informações sobre Teosofia e o Caminho Espiritual podem ser obtidas escrevendo para a *Sociedade Teosófica no Brasil* no seguinte endereço: SGAS - Quadra 603, Módulo 20, CEP 70.200-630 Brasília, DF. Ou telefonando para (061) 3226-0662. Também podem ser feitos contatos pelo telefax (061) 3226-3703 ou
e-mail: st@sociedadeteosofica.org.br
site: www.sociedadeteosofica.org.br